JN222967

サービサーと事業再生

中小企業を支える黒子の知られざる実像

あおぞら債権回収株式会社 [著]

一般社団法人 金融財政事情研究会

はじめに

　2019年は、わが国においてサービサー法が施行されてから20周年に当たります。

　サービサーは正式名称を「債権回収会社」といいます。1999年2月1日、わが国の金融危機を背景に、弁護士法の特例として「債権管理回収業に関する特別措置法」が施行されました。サービサーは、その法律に基づき、法務省の監督下で設立・運営される株式会社です。それ以来サービサーは、金融機関の不良債権問題の解決のため、業界一体となって尽力してまいりました。

　20年ほど前、あるいはリーマン・ショックがあった10年ほど前と比べれば、国内経済は安定し、不良債権問題は必ずしも国内金融機関の最大の懸案ではなくなっているかもしれません。

　しかしながら、サービサーの役割は不良債権の管理・回収だけではありません。

　全国の金融機関からお預かりした、中堅中小企業や個人事業者を中心とした債務者の皆様のなかには、それぞれの地域の経済を支え、活躍している方が少なくありません。そうした重要な存在である債務者の皆様の事業再生、事業承継、あるいは再チャレンジの支援を行っていくこと、ひいては地方経済の発展に寄与していくこともサービサーに与えられている新たな役割の1つとなってきています。

　あおぞら債権回収株式会社は、あおぞら銀行の子会社として、サービサー法が施行された年に設立され、以来同業他社とも切磋琢磨しつつ、業界の発展・地位向上のために微力を尽くしてまいりました。同時に、親銀行であるあおぞら銀行の特長でもある、地域銀行・信用金庫・信用組合などの地域金融機関との幅広いネットワークをベースとして、多くの地域金融機関の課題

解決に協力する機会を頂戴し、尽力してまいりました。

　今回、株式会社きんざい様から、民間サービサー会社単独として初めての本を出してみませんかというお話をいただきました。社内でも議論いたしましたが、弊社の設立20周年を機会に、現在のサービサーの真の姿と役割を皆様にご理解いただくことには一定の社会的な意義があるのではないかと考え、弊社はお引受けすることといたしました。

　本書は、第1章では、意外に知られていないサービサーの真の姿をわかりやすく解説しています。第2章では、新たな役割である事業再生というテーマに、サービサーがなぜ貢献することができるのかを説明しています。第3章では、サービサーがこれまで歩んできた道のりを、金融危機のあった1990年代から、金融機関行政の変遷とのかかわりを交えながら記しています。第4章では、サービサーの実像を読者にイメージしていただくために、弊社で数多く関与した実績から、フィクションとして6つの物語を書いてみました。第5章はまとめとして、弊社が考える、サービサー業界の今後の展望・課題について書いています。

　金融機関や債務者をはじめとする関係者の皆様が本書をひもといていただき、今日のサービサーの役割および社会的な意義をより正しく理解していただくことで、われわれサービサーの機能をこれまで以上にご活用いただける一助となれば幸いです。

　2019年11月吉日

あおぞら債権回収株式会社

代表取締役社長　**齋藤　猛雄**

目　次

第 4 章 **事業再生の現場**
―道は1つではない― …………………………… 83

第 5 章 **サービサーの今後の課題**
―まとめにかえて― …………………………… 149

序 章

サービサーの本当の役割

「亀田さん、お世話になりました」

あおぞら債権回収株式会社（以下、「あおぞら債権回収」という）、サービシング部門の担当部長を務める亀田啓二は、取引先であるコウノ工業株式会社の甲野社長からの電話を受けた。

「ご返済の入金、確認できました。ありがとうございます」。亀田はいつものように落ち着いて礼をいった。

コウノ工業は、飲食店や販売店で使用する、店舗内什器備品の製造を営む、典型的な中小企業である。

同社は景気後退期の過大な設備投資が重荷となり、借入金の返済が困難となって、約5年前、メインバンクであった地方銀行からあおぞら銀行グループの再生ファンドに、同社向け貸出金が譲渡された。ファンドの運営を行うあおぞら債権回収の亀田とは、それ以来の付き合いになる。

「5年……、ですよね。長かったですが何とか卒業できました。あのA銀行さんが新たにメインバンクになってくれるなんて、夢のようです。これも亀田さんのおかげです。近いうちにまたご挨拶にうかがいます。今後も引き続きいろいろ指導してください」。甲野社長の、いままでにない明るく弾んだ声が受話器から聞こえる。

「お待ちしています」といって、亀田は静かに受話器を置いた。

あおぞら債権回収の取締役であり、サービシング部門の部長である下原は、1人だけ離れた役員席から、年上であるが部下である亀田のようすをみていた。

「亀さん」。下原は、背中越しに、亀田に声をかけた。「飲みに行きますか」

「……。そうですね」。いつも笑うことの少ない亀田の表情に、薄い笑みが差した。「行きましょう」

読者は、「サービサー」というと、どのようなイメージを思い浮かべるであろうか。

　サービサーは、正式名称を「債権回収会社」という。後に解説するが、弁護士法の特例として、特別に認められた業務のみを行う会社である。しかしそういった堅いイメージよりも、「借金の取立て屋」「不良債権に群がるハゲタカ」といったイメージが強いのではないだろうか。

　ハゲタカといえば、あるテレビドラマが思い浮かぶ。主人公である債権者が、旅館経営者に向かって貸付債権の転売を通告する。経営者が主人公に向かって「ハゲタカ！」と叫ぶシーンが印象に残っている。

　これは極端な例かもしれない。しかし世間一般にも、不良債権を安く買い叩いて、借金にあえぐ債務者に厳しい取立てを行ったり、示談に持ち込み利鞘を稼いだりする、ややダーティーなイメージがないだろうか。

　たしかに、借金の返済に困っている人にとっては、サービサーは利害が対立する債権者であり、借金が金融機関からサービサーに譲渡されると、何をされるかわからない、といった先入観があるかもしれない。

　しかしサービサーは、サービサー法という厳格な法律と、業界団体が自ら定めた自主ルール等にのっとり、規律ある業務活動を行っている。そういったことは、あまり知られていない。

　また債権の回収のみならず、中小企業や小規模事業者を中心とした債務者の事業再生、事業承継、あるいは将来の廃業を支援するような、いわば借入金の返済で悩む企業の「相談相手」にもなっている。そのことも、さらに知られていない。

　冒頭の場面は、日々中小企業の再生に寄与しているあおぞら債権回収の担当者と中小企業のオーナーとのやりとりを読者にイメージしていただきたくフィクションとして創作したものである。この物語は、第4章（「1　資金繰りの危機から再生へ：ある製造業の成功譚」）で展開する。

　2017年8月、あおぞら銀行担当の新聞記者があおぞら債権回収を訪問、最

近のサービサー業界の動向の取材を行った。同年9月17日、日本経済新聞の連載囲み記事「Behind the Curtain—変わる金融の黒子たち—」で、サービサーの特集が掲載された。

　貸出債権を二束三文で買い取り、厳しい取立てで鞘を抜く、といったようなイメージを脱し、経営相談に応じたり、再生可能性のある企業の納税や建物修繕の資金捻出のために、利息の支払を猶予したりして、企業再生のために一役買っている——そのようなサービサーの姿が描かれている。

　本書では、そうしたサービサーの知られていない役割、変わりつつある役割を、基本的なことから説明する。

　また中小企業が企業全体の99％を占めるわが国の産業界において、貴重な経営資源を有する中小企業の、事業再生や再チャレンジの支援がいかに大切で、かつむずかしいか、またそのむずかしい役回りにおいて、サービサーが目立たない場所で、どのようにその難題に取り組んでいるかを、あおぞら債権回収を題材とした物語として紹介する。

　不透明な日本経済の環境下において、ますますその真価が問われる、サービサーの役割を読者に知っていただくことが、本書の目的である。

第 1 章

サービサーの仕事

1 「サービサー」とは

(1) 「サービサー」という仕事

　サービサーに関する著作物は少ない。ニュース、新聞、ドラマといった、一般の人の目に触れやすいメディアにサービサーが登場することは、ほとんどない。サービサーの業務について定める法律に関する解説書はいくつか出版されているが、どちらかといえば専門書の類である。

　第1章では、まずサービサーという業種と業界についての基本的な事柄を説明する。

(2) なぜ「サービサー」というのか

　債権回収会社の業務のうち、「サービサー」という言葉の本来の意味に近いのは、債権の回収受託業務であろう。すなわち、債権者の代理人として、債権の管理と回収を行い、債権者から手数料を得るという業務である。

　なぜサービサーと呼ばれるようになったのか、については、『実務サービサー法225問』（改訂3版、黒川弘務＝石山宏樹著、2011年3月30日、商事法務）に以下の記載がある。

　「なぜ、サービサーと呼ばれるようになったのかについては諸説あるようですが、米国では、この種の会社が、円滑な返済を可能にするため債務者の相談に応じ、管理または回収に係る債権や担保不動産を証券化し、あるいは、担保不動産に付加価値をつけ、その賃貸・売却等を仲介し、賃料の収納業務まで代行するなど多種多様なサービスを提供してきたことから、サービサーと呼ばれるようになったとする説が有力です」

　つまりサービサーという言葉は米国が発祥である。またその果たしてきた役割についても、同書に以下の記載がある。

「（前略）特に米国では、その活躍が華々しく、個人向けの少額債権の回収を業とするコレクション・エージェンシー（中略）や、事業者向けの債権の回収を業とするサービサー（中略）が多数存在するといわれています。（中略）米国において、1980年代後半から90年代前半にかけて相次いだ貯蓄貸付組合（S&L）の破綻処理において、民間サービサーが、整理信託公社（RTC）によるバルクセールや証券化スキームの中でS&L保有債権の回収やその資産管理に大きな役割を果たし、それにより短期間に不良債権処理が進み、米国の経済再生に寄与したことについては今や疑う者のないところです」

元来、米国等では債権管理の事務処理代行を行う業者において、管理の過程で発生する延滞や倒産先の処理については、特殊な部門が担当していたにすぎなかった。

しかし、わが国では1990年代後半に、不良債権処理を担う役割の１つとして「サービサー」がスタートしたため、主に債権者から委託されて不良債権の回収を行う会社であるというイメージが定着してしまった感がある。管理回収受託を中心に行っているサービサーも少なくないが、どちらかというと不良債権を自ら買い取り、債権者となって管理・回収を行う姿のほうが、世間一般にはなじみがあるかもしれない。

わが国では、サービサーの業務の範囲と内容は、サービサー法、正式には「債権管理回収業に関する特別措置法」という法律（以下、「サービサー法」という）において、厳格に定められている（図表１参照）。

そのサービサー法２条２項における規定は、以下のとおりである。

「『債権管理回収業』とは、弁護士又は弁護士法人以外の者が<u>委託を受けて</u>①<u>法律事件に関する法律事務である特定金銭債権の管理及び回収を行う①営業</u>又は<u>他人から譲り受けて②訴訟、調停、和解その他の手段によって特定金銭債権の管理及び回収を行う②営業</u>をいう」（下線部追記）

①が管理回収受託、②が譲受回収、すなわち債権の買取とその回収を意味している。

サービサーの管理回収は、担保処分や債務者交渉で生み出す資金からの回収だけであるように思われているかもしれない。しかし、この伝統的な手法にとどまらず、債務者の事業を再生させ、事業価値を創造することに関与し、そこから生み出されるキャッシュフロー（スポンサーへの譲渡や金融機関のリファイナンスなどを含む）をも原資の1つとする管理回収もある。あおぞら債権回収は、そのような管理回収を行うことがサービサーの使命の1つと考えて行動し、債務者等と向き合ってきた。そのことを本書で説明していきたい。

2 サービサーに対する規制

(1) 弁護士法の特例

債権管理回収業は、もともと弁護士法において、弁護士または弁護士法人以外の者が行うことが禁止されていた。この特例として制定されたのが、サービサー法である。

以下、弁護士法の関連条文を、参考までに列挙する。

「第72条（非弁護士の法律事務の取扱い等の禁止）

弁護士又は弁護士法人でない者は、報酬を得る目的で訴訟事件、非訟事件及び審査請求、再調査の請求、再審査請求等行政庁に対する不服申立事件その他一般の法律事件に関して鑑定、代理、仲裁若しくは和解その他の法律事務を取り扱い、又はこれらの周旋をすることを業とすることができない。ただし、この法律又は他の法律に別段の定めがある場合は、この限りでない。

第73条（譲り受けた権利の実行を業とすることの禁止）

何人も、他人の権利を譲り受けて、訴訟、調停、和解その他の手段によつて（原文ママ）、その権利の実行をすることを業とすることができない。」

図表1　債権管理回収業に関する特別措置法の仕組み

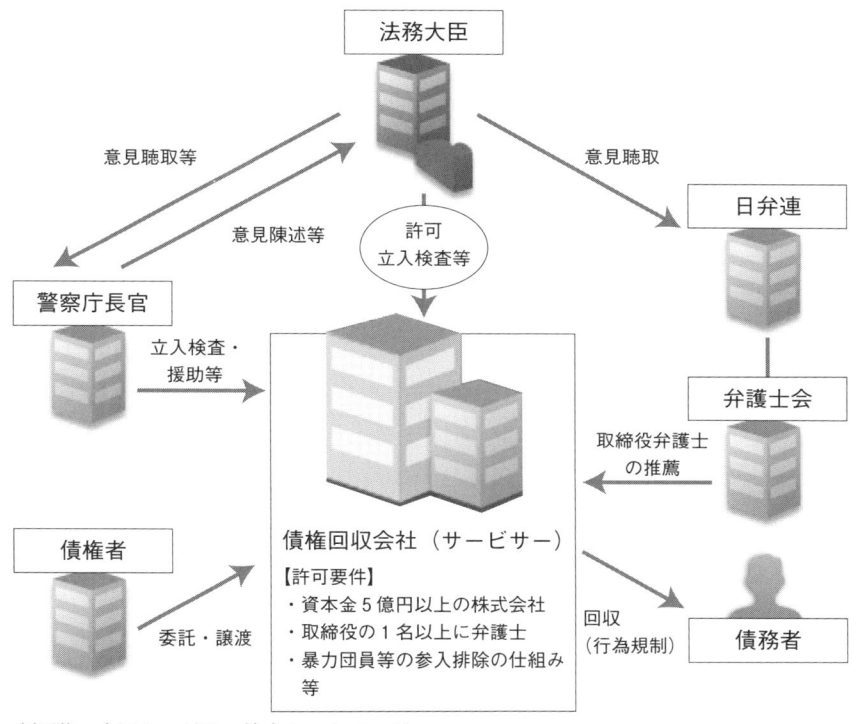

（出所）　全国サービサー協会ホームページ

　サービサーの監督官庁は、弁護士法を所管する法務省である。法務省はサービサーに対し定期的に立入検査を行い、業務が法令等に従い適切に行われているか、チェックを行っている。

　また、サービサーには、取締役として1名以上、弁護士が就任する必要がある。しかも、その弁護士は、会社の業務執行全般を把握し、会社の内部から業務執行全般の適正を監督するに足りると認められる程度に職務に従事している必要がある。

　このように、サービサーは法務省の監督下に置かれ、サービサー法という特別な法律に服しながら業務を行う必要がある。こうした業界は、民間の会

社としては稀有な存在であろう。

(2) 厳格な規制

そのほか通常の事業会社と異なる点として、サービサーの設立にあたっての規制を紹介する。

サービサーがその本業である「債権管理回収業」を営むためには、法務大臣の「許可」を得なければならない（サービサー法3条）。許可、ということは、無許可でその業務を営めば、処罰の対象となりうる（同法33条1号）。

その他の許可の要件としては、①資本金「5億円以上」の「株式会社」であること（同法5条1号）、②取締役として「弁護士」が1名以上就任していること（同条4号）、などがある。

①は、5億円という大きな金額の出資を求めていること、また、会社法上の大会社に該当し、会計監査人の設置を必須とすることなどで、社会的な責任の大きいサービサーに、一定のガバナンスを義務づけることが趣旨と考えられている。

また、サービサーは、その商号に「債権回収」という文字を用いなければならない（同法13条1項）。

債権管理回収業の全部または一部の譲渡および譲受、ならびに合併・会社分割については、法務大臣の「認可」が必要となっている（同法8条1項・2項）。

(3) 取扱いできる債権の種類

サービサーが取り扱うことができる債権の種類は限定されている。これを「特定金銭債権」という（サービサー法2条）。

特定金銭債権にどのような債権が該当するのかについてはサービサー法等において詳細に定められているため、ここでは、特定金銭債権に該当しない典型的なものをあげておく。ただし簡略化してあるため、実際の適用にあ

たっては、法令等の確認が必要である。

① 　事業法人が債権者である債権（売掛金、未収金等）

② 　割引手形

③ 　１年以内のリース債権

④ 　私募債

⑤ 　支払承諾　等々

　これらの特定金銭債権に該当しない債権は、通常の銀行業務で発生する与信形態のものであるにもかかわらず条文からもれているものとして、サービサー業界では俗に「取りこぼし債権」と呼ばれている。

3　サービサー業界の概要

（1）　業界団体

　業界団体である一般社団法人全国サービサー協会（以下、「サービサー協会」という）は、2000年10月16日に任意団体として設立され、その後2009年４月１日に一般社団法人化した。同協会には、2019年６月末現在、全国で76社のサービサーが加盟している。

　理事長・副理事長には、大手サービサーの代表者が就任している。

　サービサー協会は、「サービサー業界における会員会社相互の協力と情報交換を図りながら、関係官庁、関係機関及び各種業界団体との連携ならびに交流のもとに、業務の適正化や円滑化を図り、また業界の発展と振興に資する活動に取組み、以て国民経済の健全な発展に寄与することを目的として」（サービサー協会ホームページより抜粋）いる。具体的には、サービサーに対するコンプライアンスおよび業務に関する研修の実施、サービサー業務に関する検定試験の実施、サービサー制度に関する調査研究・提言活動・広報活

図表2 　サービサー協会での苦情受付件数推移

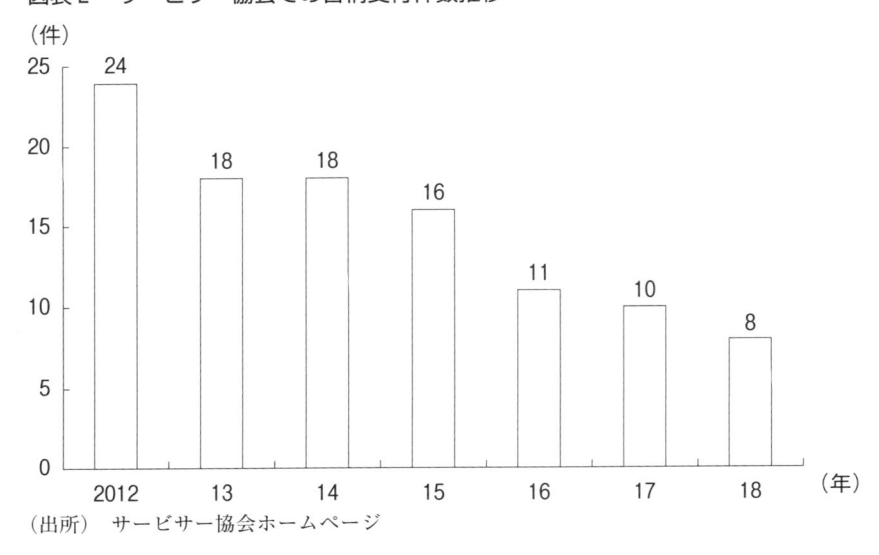

（出所）　サービサー協会ホームページ

動のほか、サービサー業務に関する苦情受付・相談センターの設置などを行っている（図表2参照）。

　サービサー協会のホームページには、苦情受付・相談センターの電話・ファクシミリ番号が掲載されているほか、書面での苦情も受け付けている。

(2) 　サービサーの分類

　サービサーの分類についてはさまざまな見方があるが、以下は、設立母体やサービサーに債権回収業務を委託している投資家で区分した分類である。

a 　銀 行 系

　大手銀行、地方銀行等が設立母体となっているサービサーである。

　銀行本体およびそのグループ会社が保有する債権の管理回収受託を行うサービサー、譲受回収業務を行うサービサー、およびその両方を行うサービサー、という3種類がある。

　母体行以外の債権の譲受回収業務を主に行っているサービサーもあり、あ

おぞら債権回収はこの部類に入る。大手銀行系も、近年積極的に譲受回収業務に参入してきている。

地方銀行系は、母体行が保有している債権の管理回収受託を行うサービサーが多いが、近時は譲受回収業務に進出しているところもある。

b 証券系

国内証券会社の不良債権投資SPC等が保有する債権の管理回収受託を行うサービサーである。

投資家の描いたシナリオに基づき債権管理・回収活動を行う。独自に自己資金を用い買取を行う場合もある。

c リース・ファイナンス系

リース会社やファイナンス会社などのノンバンクが設立母体となっているサービサーである。

d 信販会社系・消費者金融会社系・カード会社系

ノンバンクでも、個人顧客向けである信販会社、消費者金融会社、カード会社が設立母体となっているサービサーである。銀行系と並び、多い部類である。

親会社が保有する債権を扱うだけでなく、譲受回収業務にも古くから参入している。親会社の保証業務等を通じた金融機関とのネットワークを有している。

かつてはカード債権等小口の無担保債権、担保処分後の無担保残債の譲受回収業務を得意としていたが、リーマン・ショック以降、住居系不動産が担保となっている債権の譲受回収業務にも積極的に関与する例もみられる。初期延滞債権等の回収受託業務、バックアップサービシング業務にも注力しているサービサーもある。

e 不動産系

不動産関連ビジネスを展開している事業法人が設立母体となっているサービサーである。自己競落や代物弁済で担保不動産を取得し、親会社の機能を

使って担保不動産の価値を高めることができる点が強みである。

　担保不動産の流動性、バリュー・アップの可能性を重視することから、担保不動産の所在地や用途（アセット・タイプ）を重視する傾向がある。

f　外資系

　外資系投資家が設立母体となっているサービサーである。外資系投資家は、1990年代後半から2000年代前半にかけて、わが国の金融情勢に大きな変化があったときに活躍したが、リーマン・ショック以降は活動が縮小傾向にあり、廃業に早く動いた例も多い。

　傘下のサービサーを廃業した後は、銀行系、リース・ファイナンス系、独立系のサービサーに保有債権の回収を委託するなどしている。

g　独立系

　前記 a ～ f に該当しないサービサーで、一般事業法人が設立母体となっている場合が多い。

　一般的には、金融機関からの借入れを原資に譲受回収業務を行っているため、取得金額が大きい債権の譲受はむずかしく、外部から資金を集めてSPCで債権を譲り受けるかたちをとることもある。

⑶　事務ガイドライン

　サービサーに関する法令として、サービサー法だけでなく、「債権回収会社の審査・監督に関する事務ガイドライン」（以下、「事務ガイドライン」という）などが法務省から示達されている。

　また、サービサー協会が、「債権管理回収業の業務運営に関する自主規制規則」（略称「自主ルール」）などを定めて、サービサー業界自らに規制をかけている。以下、そのさまざまな規制のうちの一部を紹介したい。

a　交渉経過の記載

　債務者等との交渉の経過に関する記録は、債務者ごとに作成され、時系列に沿って、網羅的かつ客観的で明確に記載する。

債務者に電話をかけ、相手が不在のため交渉等を行わなかった場合も、電話をかけた日時等を、法令で定められた様式に従い、記録に残している。

　この記録は「4号帳簿」と呼ばれ、サービサー法上、作成と備え置きが義務づけられている帳簿類のなかでも最もボリュームがあり、かつ作成頻度の高いものである。法務省による立入検査においても、4号帳簿を含む帳簿書類は検査の対象とされている。

b　厳格な回収ルール

　「債権回収会社の業務に従事する者は、その業務を行うに当たり、人を威迫し又はその私生活若しくは業務の平穏を害するような言動により、その者を困惑させてはならない」とされている（サービサー法17条1項）。

　事務ガイドラインによれば、「威迫」とは、たとえば、

・暴力的な態度をとること。

・大声を上げたり、乱暴な言葉を使ったりすること。

・多人数で債務者の自宅等に押し掛け、または債務者等を債権回収会社に呼び出し、大勢で取り囲んで面談すること。

などをいう、とされている。

　また、「私生活若しくは業務の平穏を害するような言動」とは、たとえば、「正当な理由なく、午後9時から午前8時までの間に、電話で連絡し、若しくはファクシミリ装置を用いて送信し、又は訪問すること」などをいう、とされている。

　このほかにも、「近隣者に対して、自らの来訪目的を明らかにした上で、債務者等に電話をするように伝言を依頼すること」などは、「私生活若しくは業務の平穏を害するような言動」の具体例とされている。

　これらのように、サービサーの債権管理回収業務に対しては、詳細な規制がかけられている。このような規制と同じものは、銀行などの金融機関では存在せず、ある意味において「銀行よりも回収ルールが厳格」なのがサービサーである、ということができる。

4　サービサーの取引先および債権評価

(1)　取引先の中心は中小企業

　日本の企業数359万社のうち、99％が中小企業であることは、中小企業庁の統計（2016年6月時点）などでよく知られている。サービサーの取引先も、中小企業や小規模事業者、個人の債務者が多い。

　では大企業向け債権は不良債権にならないのか。そうではなく、大企業の場合、産業革新機構、地域経済活性化支援機構（REVIC）、その他全国の官民ファンド、事業再生ADR（Alternative Dispute Resolution：裁判外紛争解決手続）など、事業再生のためのインフラや制度を利用することが多い。

　中小企業の場合、全国の中小企業再生支援協議会（以下、「支援協」という）が債務整理の仲介役となることが多いが、そのプロセスには時間とコストが必要であり、すべてのケースに対応できるわけではない。

　2016年、金融庁が、中小企業の債務整理のための役割を担う存在として、サービサーとの連携を提唱している（直近では平成30年8月付「中小・地域金融機関向けの総合的な監督指針」Ⅱ－5－2－1(2)、平成28年6月27日付「抜本的な事業再生への課題について」ほか）。その必要性も、中小企業の母体数の多さをみれば首肯できる。

　逆にいえば、過剰債務に悩む中小企業の再生支援のために「サービサーがなすべき仕事」が、たくさん残されているということがいえる。

(2)　債権の譲渡価格はどのように決まるのか

a　基本的な考え方

　サービサーに債権を売却するとき、譲渡価格はいくらになるだろうか。

　債権評価に関する公式なものとしては、1998年11月2日に日本公認会計士

協会から、また、同年11月 2 日および11月20日に日本不動産鑑定協会から、国税庁に対し照会し、同年12月 4 日に国税庁から回答のあった、両協会がそれぞれ策定した適正評価手続というものがあり、基本的にはこれにのっとって評価がなされている。

　以下は、債権評価の一例である。

〈例題〉

債務者　Ａ株式会社

債権者　Ｂ銀行

債権額　500百万円

　　　　毎月0.5百万円ごと返済

金　利　年1.0％毎月支払

担　保　不動産　根極度200百万円　Ｂ銀行による評価額180百万円

　まず、Ａ株式会社が約定どおり貸出元本や利息（以下、「元利金」という）を弁済しているかを確認する。

　約定どおり弁済していれば、Ａ株式会社の決算書や資金繰り表を分析し、将来にわたり何年程度、約定に基づく元利金弁済が可能かを検討する。

　もし約定どおり元利金を弁済していない場合であっても、実績としてどれだけ弁済しているか、その弁済額が今後どれくらいの期間継続可能か、検討する。

　次に、担保について、提供された資料を基礎として評価する。担保物件で最も多いのは不動産である。とはいっても、通常は建物を内覧することができないため、不明な点はリスクとして織り込む必要がある。評価は不動産鑑定評価基準に準拠した正式鑑定に類似した方法ながらも、市場性、換価性に重心を置いた方法で行い、「いま売るとすれば、いくらで売れるか」という視点を重視する。

したがって、いくらお金をかけて建設した建物であっても、買い手がつかなそうな物件であれば、評価は保守的になる。逆に、たとえば将来、開発行為などにより価格上昇が見込めそうな物件であれば、そのポテンシャルを加味し、公示地価や路線価より高い、積極的な評価を行うこともある。

　また、売却にあたり発生する費用、たとえば賃借人の立退き料や、競売費用、更地を想定する際の建物取壊し費用などは、適切にその金額を見積もったうえで、価格から控除する。

　再生案件の場合、担保の売却ではなく、リファイナンスやM&A（事業譲渡）による返済を見込む場合もあり、その場合は予想リファイナンス金額や事業価値を合理的に見積もる。

　これらの材料をもって、シナリオを作成する。シナリオとは、債権購入後、どのような入金を見込むことができるか、というサービサーとしての「想定」である。

　図表3は、債権評価のイメージを示したものである。

　業績が下降気味の債務者向けの債権であれば、数年後に現状水準の元利金弁済がむずかしくなり、その時点で事業継続を断念し、債務者と合意のうえ

図表3　キャッシュフローと債権評価

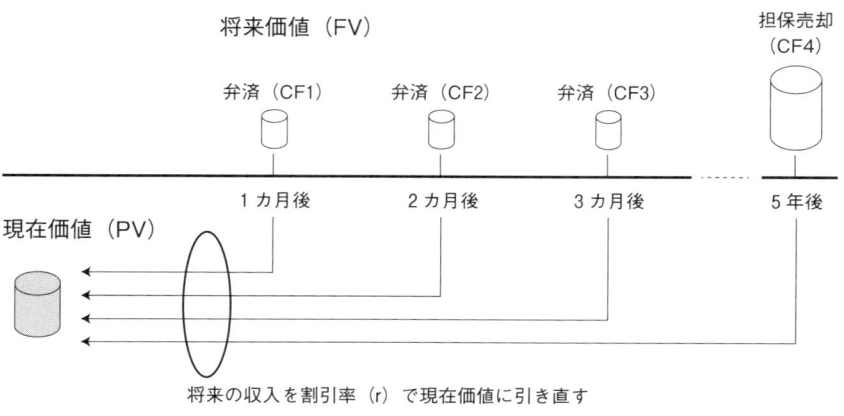

将来の収入を割引率（r）で現在価値に引き直す

$$PV = CF1 \div (1+r)^{1/12} + CF2 \div (1+r)^{2/12} + CF3 \div (1+r)^{3/12} + CF4 \div (1+r)^5$$

担保を売却し、返済に充当する、といったシナリオを想定することになる。

当初の3年間は実績程度の元利金弁済を継続し、次の1年間は元金のみの返済を継続し、その次の1年間は元金、利息、いずれも支払が困難となる。5年後、担保として供されている事業用不動産について売却を行い、残った債務は和解等により整理する。

このように、弁済の実現を見込む時期を想定した後で、割引率で現在価値に引き直す。割引率は、シナリオの実現可能性に応じ、社内で定められた数値を使用するのが一般的である。

いわゆるDiscounted Cash Flow（DCF）法の考え方を採用している。

b　DCF法の留意点

このDCF法にもいくつかの留意点がある。

たとえば、元利金弁済のキャッシュフロー見込額が相対的に小さく、担保売却によるキャッシュフローが大きい場合、元利金弁済を長期間見込むよりも、担保売却を早期に見込んだほうが、現在価値は高くなる。

仮に、入札方式で債権の買い手を決める場合、入札者が少しでも評価額を高く見積もろうとすれば、より担保売却を早期に求めるシナリオを採用する必要が出てくる。

事業継続を志向する再生途上の債務者であれば、そのような債権の買われ方をされてしまうと、その後債権者となったサービサーが債務者に対し早期の担保処分を求めざるをえず、事業再生が成り立たなくなるおそれがある。

また、入札形式で債権評価を複数のサービサーに依頼する際は、評価額の前提となるシナリオをある程度共通化しないと、本当の意味での価格の比較はできない。図表4をご覧いただきたい。(a)が早期資金回収を優先し、譲渡1年後に担保処分を図る場合、(b)が事業継続を優先し5年間弁済を継続した後、債務者と合意のうえ担保処分を図る場合である。

前述P.17の例題を使い、実際の評価額を比較してみよう。担保処分による回収見込額が180百万円であった場合、(a)の早期処分シナリオとして1年

図表4　事業継続による評価額への影響

(a)　早期に担保処分を図る場合

(b)　5年間弁済（事業継続）後、担保処分を図る場合

間の元利金と同担保処分価格を10％で割り引くと、174百万円となる。一方
(b)の事業継続シナリオとして、3年間元利金弁済を継続、4年目から利息支
払が停止、5年目から約定返済額が半減し、5年後担保処分の場合、(a)と同
様に10％で割り引くと、146百万円となる。つまり、事業継続を優先し、元
利金弁済が困難となるまで担保処分を遅らせると、評価額が低くなる場合も
あるということである。

　もちろん、元利金支払総額と担保処分価格との割合や適用する割引率等の
兼ね合いにより、一概にはいえない部分はあるものの、事業継続を尊重する
ことと評価額を高くすることとは、相反する場合が多い。

　債務者への配慮の意図をもって譲渡を行う場合は、譲受人のシナリオを確
認、あるいは統一しないと、債権の譲渡人の意図に反した回収を惹起しかね
ない点、留意を要する。

　なお、債権譲渡価格は通常、譲渡人たる金融機関と、譲受人たるサービ
サーとの間の守秘義務の1つに該当するため、債務者に知られることはない。

サービサーによる
事業再生と再生ファンド

第2章では、サービサーの役割として定着しつつある「事業再生」について解説するとともに、具体的にどのような手法でサービサーがこれに関与しているかを説明する。

　また、サービサーが事業再生を行ううえで有効なプラットフォームとなる「再生ファンド」について、官民で形成された再生ファンドと比較しながら、その特長を説明する。

1 「事業再生」とは

(1) 「事業の継続」と「金融取引の正常化」

　「事業再生」は本書のキーワードでもあり、いろいろな場面で使われる用語であるが、ここであらためて定義を確認しておきたい。

　インターネットで検索しても、官公庁等が発信している文書等でも、特に統一された定義を見つけることができない。

　このため、本書では、認定経営革新等支援機関向けに配布されているマニュアルに記載されている、以下の定義を用いる。

　「事業再生とは、窮境状況にある企業（または事業）が過剰債務や営業キャッシュフローのマイナス等を解消するために、事業内容の見直しや財務構造の見直しを実行することにより、持続的な事業の存続及び成長を可能にするプロセスをいいます。また、財務的視点からみた場合は、事業損益の黒字化、債務超過解消、過剰債務解消、金融機関との取引正常化（新規融資等）が実現することをいいます。事業再生の目的は、主に『事業の継続』と『金融取引の正常化』にあるといえます。」（「認定支援機関向け経営改善・事業再生研修【基礎編】」独立行政法人中小企業基盤整備機構（受託事業者　株式会社きんざい）著）

この文章の最も重要な箇所は、「事業の継続」と、「金融取引の正常化」である。

　言い換えれば、事業を続けられるだけの利益やキャッシュフローを継続的にあげることと、財務内容を改善して金融機関との取引を正常な状態にすることである。

　金融機関との取引が正常な状態、つまり金融機関から、必要な融資を受けられるだけの信用力を備えている状態を意味し、具体的には、いわゆる債務者区分でいう「正常先」または「要注意先（その他要注意先）」に区分されることをいう。

　なお、債務者区分を定義している金融検査マニュアルは廃止される予定である（本書出版時点）。とはいえ、同マニュアルが廃止になった後、急に従前と異なる判断をすることはむずかしいと思われるため、ここでは同マニュアルに沿った考え方により記載をしている。

　また、「事業再生」と似た用語で「企業再生」があるが、ここでは、仮にその事業を営む企業がなくなったとしても、事業自体は別の会社に引き継がれて存続を目指す、という意味で、事業再生という用語を用いている。

　たとえば、A、B、C 3つの事業を営むD企業があったとする。このうち、改善可能性があるA事業のみを別会社に譲渡し、D企業は清算する、といった方法も、事業再生には含まれる、ということである。

⑵　事業再生のマイルストーンとしての「数値基準」

　債務者区分上、「正常先」または「要注意先（その他要注意先）」に区分されるためには、

①　黒字であること（一過性の赤字を含む）

②　債務超過でないこと（軽度の債務超過を除く）

③　金融債務が、正常収益力（つまり事業で創出するキャッシュフロー）に対し一定範囲内の規模に収まっていること

の3点が原則として求められる。

　この3点が充足できていない企業は、充足するために、再建計画を策定する必要がある。

　そのとおりに業績が改善すれば、上記3点が充足できるようになるような計画を、「実現可能性の高い抜本的な経営再建計画（実抜計画）」「合理的かつ実現可能性の高い経営改善計画（合実計画）」と呼ぶ。

　なお、数値基準といって、実抜性、合実性を充足するためには、以下の基準が満たされることが必要である。

① 　3年以内に黒字化

② 　5年以内に債務超過解消

③ 　計画期間中に、金融債務が、正常収益力（つまり事業で継続的に創出する年次キャッシュフロー）に対し10倍以内に収まること

　実抜計画の策定期間は3年以内（中小企業は5年以内）、合実計画の策定期間は5年または10年以内となっており、要管理先であっても実抜性が認められる計画が策定されている場合はその他要注意先となる。破綻懸念先であっても合実性が認められる計画が策定されている、あるいはその予定がある場合は要管理先（中小企業の計画の場合は合実性があれば実抜性ありと認められる

図表5　「事業再生」の概念図

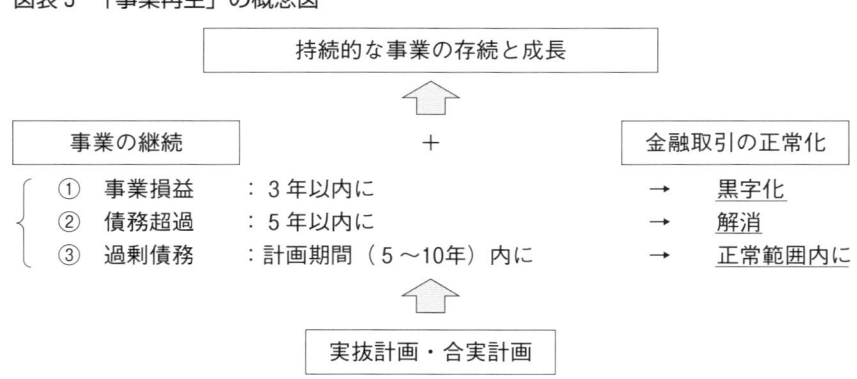

24

ためその他要注意先）に判定可能である。

　なお、正常先または要注意先に対する債権を、「正常債権」と呼ぶことがあり、実抜計画または合実計画は、返済能力に比して過大な債務を負っている債務者向けの債権を正常債権にするための計画、ということができる（図表5参照）。

　やや形式的なことを羅列してきたが、事業再生の具体的なマイルストーンがどこにあるかは、関係当事者の間では共通認識をもっておく必要がある。

　数値基準は、機械的・画一的に判断するものではなく（もともと金融検査マニュアルにもそう書いてあるのだが）、業種の特性や企業の実態に即した判断をすべきものである。

　たとえば、数値基準のうち②と③は、主に金融債務の問題である。装置産業的な要素が強い大規模なホテルやビル賃貸業などであれば、設備投資負担によりキャッシュフロー比の借入金規模は他の業態よりも大きくなりがちである。反面、キャッシュフローは安定しており、数値基準としては金融債務が正常収益力に対し10倍以上の水準であっても正常債権の範囲内とみなすことは可能なはずである。

　逆に、多店舗展開の飲食業や、金型など償却年数の短い固定資産を保有する製造業などは、同倍率が10倍では借入負担が重いかもしれない。

　仮に、①黒字の企業であっても、②なんらかの理由で、負債が資産より大きくなってしまったり、③返済原資となるキャッシュフロー創出力に比べ負債が過大になってしまった場合に、債務に対しなんらかの抜本的な措置を施すことで整理し、正常な金融取引が可能な状態に是正することが、狭義での「事業再生」である。

　そして、その債務整理をサポートすることができるのが、サービサーであるということである。

　では、①はどうだろうか。

　たとえば、図表6が、正常な金融取引ができる状態と債務者が窮状にある

図表6 正常な金融取引ができる状態であるかの判定

1 正常な金融取引ができる状態

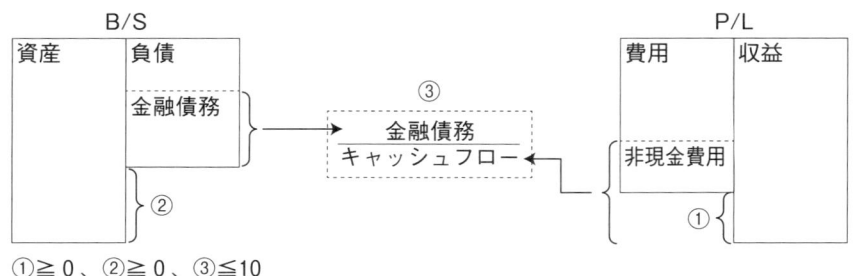

①≧0、②≧0、③≦10

2 窮状にある状態

①<0、②<0、③>10

状態との違いを示している。

　この窮状にある状態を改善するためには、以下の@、ⓑ、ⓒのような方策が考えられる。

ⓐ　赤字

　イ）　収益を増やす……〈商品やサービスの内容や価格を見直す〉〈新たな事業を始める〉等

　ロ）　費用を減らす……〈原材料や商品の仕入方法や仕入先を見直す〉〈人員配置を効率化する〉〈経費を見直す〉〈不採算事業から撤退する〉《支払利息を減らす》等

ⓑ　債務超過

　　イ）　資産を増やす……あまり効果的な方法なし。

　　ロ）　負債を減らす……借入金を減らす。（《資産の売却による返済》《債務免除》）

ⓒ　金融債務／キャッシュフロー

　　イ）　金融債務を減らす……《資産の売却による返済》《債務免除》

　　ロ）　キャッシュフローを増やす……ⓐイ）ロ）のほか、《支払猶予》（金利軽減や返済時期の変更などを含む）

　このうち、《　》で囲ったものが、サービサーの本来業務により支援できるもの、〈　〉で囲ったものが、サービサー業務から発展し、再生ファンドとして事業再生支援のために行っているものであり、換言すれば「サービサーがなすべき仕事」（本書第1章4(1)参照）の一例である。

　本業支援というと、ハンズオンで再生ファンドが経営者や支援者を送り込む、中小企業診断士やコンサルタントの助言を受ける、あるいは金融機関の担当者が事業性評価を行い、目利き力を発揮する、といったことが思い浮かぶ。

　だが、金融債務の問題の解決に着手しないまま本業支援を行っていても、なかなか本腰が入らない場合がある。ハンズオンも、素養の高い経営者や支援者に恵まれれば効果的であるが、相性の問題や、支援者任せとなり、その手腕がプロパー社員に浸透、定着しにくいといった短所もある。

　その点、サービサーの再生ファンドに移った後の債務者は再生に向けスタートを切れたことによる意識の変化により皆真剣であり、事業の遂行を他人任せにはしない。経営改善を行うことで、債務整理を行うことができる、債務整理後も事業継続をしたい、と真剣に考えている方が多い。サービサー担当者にもよく相談をしていただける。

　外部専門家をうまく利用しながら、債務者自身が主体的に経営改善を図る

意識をもつことが、事業再生を目指すためには最もバランスのよい考え方であろう。

(3) 債権カットの際の留意点

次に、債権者からみた場合の債権カット、債務者からみた場合の債務免除の留意点について説明する。

サービサー等の債権者が仮にディスカウントで債権を譲受しても、単純に債務を半分にします、3分の1にします、とすることは簡単ではない。その理由は、もちろん債権者側の経済的合理性の問題もあるが、税務上の問題をクリアする必要があるためである。その際にさまざまな留意点がある。

a 債権者における留意点

まず債権者側から説明する。

金融機関などの債権者が債権（務）を放棄（免除）すると税務上寄附金として認定され、損金算入できないリスクがある。そのためには、「債務者の債務超過の状態が相当期間継続し、その金銭債権の弁済を受けることができないと認められる場合において、その債務者に対し書面により明らかにされた債務免除額」（法人税基本通達9－6－1(4)）等に該当することを立証できるようにしておく必要がある。

そこで債権者たる金融機関は債権放棄のかわりに、第三者であるサービサーに債権を売却し、売却損を損金算入することで税務上の問題を解決することが可能である。ただし、損金算入の要件についてのガイドラインはないため、売却先が第三者であることや、売却経緯等について留意のうえ、個別事案ごとに税理士等の税の専門家に相談することが推奨される。

サービサーとしても、債権者となった後に債務免除を行う場合において、弁済を受けることが困難であることの説明責任が求められる点は、原債権者（債権譲渡人または当初貸付債権者）と同じである。

方法はいくつかあるが、債務のうち返済可能な金額と見合いの事業用資産

とを、新会社に会社分割または事業譲渡の形式により承継し、残債務は会社ごと清算していく、という方法が、第二会社方式と呼ばれるスキームである。

これ以外に、一部弁済を受けたのち、残債を債務者や保証人以外の第三者に譲渡することで整理する方法が用いられることもある。

b　債務者における留意点

次に、債務者側について説明する。

債務免除を受けた金額が、債務免除益として税務上益金の対象となるが、その対策として最も一般的であるのが、繰越控除されてきた青色欠損金額を所得金額の計算上損金の額に算入することである。当該事業年度の前10年以内に開始した事業年度において生じた欠損金額は、当該年度の損金に算入できる（ただし中小企業でない場合、算入できる金額が小さくなる）ため、債務免除益が発生した場合でも繰越欠損金と相殺されて、課税所得が小さくなる。

それができない場合は、課税関係にはいっそう留意が必要となる。

⑷　衡平性を担保したプロラタの方法

次に、債権者が複数存在する場合、衡平性、つまり債権者としての負担のバランスを保つ必要が出てくる。

図表7に、プロラタ（比例按分）による債務整理の方法を示している。

債務者はA銀行、B銀行、C信用金庫、D信用組合、E金融公庫、計5金融機関と取引があり、A銀行とC信用金庫には、F信用保証協会の保証付債権が一部存在するものとする。

まず、信用保証協会に対し、債務不履行を事由として代位弁済を請求することを前提とし、F信用保証協会の代位弁済後の求償権を他の金融機関と併記する。

最も残高が大きいのはA銀行であり、債権カット額も最も大きくなると思いがちである。が、必ずしもそうではない。

図表7　非保全プロラタの実例

（単位：百万円）

金融機関名	貸出残高	うち保証付	貸出残高（求償権含む）	うち保全額	うち非保全額	承継債務	うち保全額	うち非保全額	非承継債務（カット額）
A銀行	550	50	500	400	100	416	400	16	84
B銀行	350		350	20	330	74	20	54	276
C信用金庫	100	30	70	0	70	12	0	12	58
D信用組合	50		50	0	50	8	0	8	42
E金融公庫	100		100	0	100	16	0	16	84
F信用保証協会			80	0	80	13	0	13	67
計	1,150	80	1,150	420	730	540	420	120	610

キャッシュフロー　　60百万円　　（小数点未満四捨五入）
償還倍率　　　　　9.0倍

（単位：％）

金融機関名	残高シェア	カット率（対残高）	非保全額シェア	カット率（対非保全額）
A銀行	43.50	16.70	13.70	83.60
B銀行	30.40	78.80	45.20	83.60
C信用金庫	6.10	83.60	9.60	83.60
D信用組合	4.30	83.60	6.80	83.60
E金融公庫	8.70	83.60	13.70	83.60
F信用保証協会	7.00	83.60	11.00	83.60
計	100.00	53.00	100.00	83.60

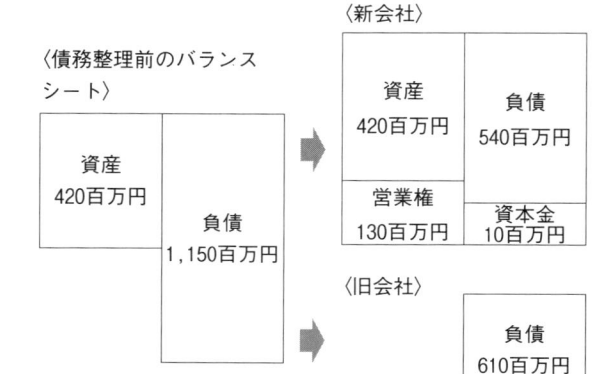

〈新会社〉

〈債務整理前のバランスシート〉

| 資産 420百万円 | 負債 1,150百万円 |

| 資産 420百万円 | 負債 540百万円 |
| 営業権 130百万円 | 資本金 10百万円 |

〈旧会社〉

| | 負債 610百万円 |

（負債が金融債務と同額であると仮定している）

貸出残高から保全額（中立的な立場で依頼・算定される評価額を採用することが多い）を控除して算出する非保全額が、債権カット対象となる。保全額見合いの貸出は、理論上（担保の換価により）返済が可能であるため、債権カットができない。カットした債権額の損失は有税（損金不算入）となってしまう。

　では非保全額のうちいくらがカット対象となるか。

　ここで、前述の(2)③「計画期間中に、金融債務が、正常収益力（つまり事業で継続的に創出する年次キャッシュフロー）に対し10倍以内に収まること」という、正常債権となるための要件が重要となる。

　つまり、今後合理的に見込まれる正常収益力に対し、概ね10倍以内、あるいは事業再生計画の期間中に概ね10倍以内に収まる範囲の債務であれば、返済可能であると考える。

　図表7でいえば、540百万円は、キャッシュフロー60百万円に対し9.0倍であり、540百万円を承継債務（返済可能債務）とすることができる。内訳としては、保全額が420百万円であるため、残りの120百万円は非保全額の一部が承継される。結果として、非保全額730百万円のうち610百万円がカット対象になり、これを、各金融機関の非保全額で按分する。

　その結果、最もカット額が大きいのはB銀行となる。

(5)　公的金融機関との取引が存在する場合の留意点

　取引金融機関のなかに、日本政策金融公庫や信用保証協会等の公的金融機関が存在する場合において、債権カットや不等価での譲渡を求めるときは、支援協やREVIC等、公的な機関が関与した事業再生計画の策定が求められる。

　また、債権譲渡を行う場合に、信用保証協会の保証付債権があるとき、協会に対し代位弁済を請求する、しない両方のケースがあるが、一般的には代位弁済を請求することが多い。

　条件担保といって、金融機関が担保権者になっている根抵当権が信用保証

協会が保証する債権の担保にもなっている場合は、担保条件の維持が必要になる。代位弁済を請求する場合は当該根抵当権の元本を確定したうえ信用保証協会に対し根抵当権の一部移転を行う。

図表8　債権譲渡時の協会保証付債権の取扱い

協会保証付債権の取扱い	代位弁済請求する	代位弁済請求せず（協会保証のまま）	
保証協会の受け入れやすさ	取決めに従い対応	協会と要協議	
協会の担保権の残し方	元本確定・一部移転		根抵当権譲渡
協会とプロパー債権の譲受人との関係	（例）協会・プロパー債権譲受人・譲渡金融機関の間で、準共有に関する取決めを行う　等		①一部譲渡の場合、協会と新プロパー債権譲受人は根抵当権を共有（準共有）または分割して各々に譲渡 ②プロパー債権譲受人に全部譲渡
債務者の再生（正常債権化）に資するか	しにくい	ややしやすい	しやすい（根抵当権を活かすため、リファイナンス時に登録免許税負担が少ない）
プロパー債権譲渡金融機関の譲渡後の管理負担	なくなる	引き続き協会保証付債権の債権者であり続けるため、善管注意義務をもって保全管理する必要がある	
債務者のメリット・デメリット	保証料の支払負担がなくなる反面、協会が取得した求償権の損害金がふくらむ	保証料の支払負担が残るが、弁済が約定の範囲内に収まる	

一方で、将来のリファイナンス時に利用するために、根抵当権の元本を確定しない場合もある。その場合は、サービサーまたは再生ファンドへ根抵当権の全部譲渡または一部譲渡を行うときもある。

　なお、条件外担保についても、信用保証協会からの要請により、プロパー債権（信用保証協会の保証がついていない債権をいう）回収後の剰余が生じる場合の取決めが必要となる場合もある。

　図表8は、債権譲渡時の協会保証付債権の取扱いを整理したものであるが、いずれにしても、取引金融機関のなかに、公的金融機関が存在する場合は、コミュニケーションをとりつつ、可能な範囲での協力を仰ぐ作動が必要となる。

(6)　事業再生スキームにサービサーまたは再生ファンドがどのように関与するのか

　次に、サービサーまたは再生ファンドが、事業再生スキームにどのように関与するのかを説明する。

　スキームは多種多様であるが、そのなかでも比較的よくとられる例として、以下の4つのパターンを紹介する（なお、A行、B行、C行とあるのは銀行に限定したものでなく、金融機関全般を例示した表記である）。

　〈パターン1〉第二会社に債務を承継する直前に債権譲渡を受け、第二会社に承継した債務のみを、承継直後にリファイナンスで返済を受ける

　俗に「ワンタッチスキーム」といわれる。債権カットにより短期間での債務超過解消・正常債権化が可能な状態であり、かつメイン行がカット後も取引継続意思がある場合などに採用される。

　図で説明すると、以下の段取りとなる。

①　A行、B行、C行の貸出金をサービサーまたは再生ファンド（図でいう「サービサー」）が譲り受ける。

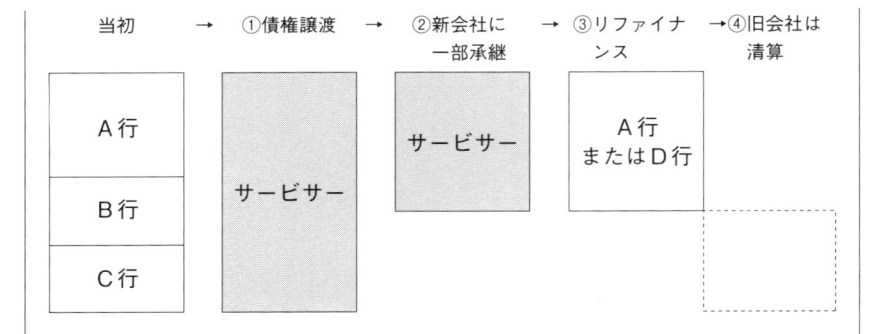

② ①のうち、一部の貸出金を新会社に承継する。

③ 新会社に対し、直ちに既存行（A行）または新規行（D行）が融資を実行し、新会社はその実行金を使って、②で承継した貸出金を返済する。

④ ②で新会社に承継しなかった貸出金は、旧会社を清算することで最終処理する。

　②で承継する貸出金は、正常債権となる見込みのある範囲内の金額となる。なぜなら、③で新規融資を実行する金融機関としては、正常債権でないと新たな融資はむずかしいからである。

　支援協等公的機関策定の計画を前提とし、税務上の問題をクリアしたうえで、サービサーまたは再生ファンドに譲渡せず処理を行う場合もあるが、債権カット後も、旧会社に残した保証債務の整理や、非承継資産の処分が必要である場合は、そうした整理が得意なサービサー系の再生ファンドがよく利用される。

　サービサーまたは再生ファンドとしては、債権譲渡後すみやかにリファイナンスを受けるため、クレジットリスクが小さい。むしろサービサーまたは再生ファンドには、案件の成立に至る前の再生計画策定の準備など、メイン行等への協力・助言という役割が求められる。

〈**パターン2**〉パターン1と同じだが、債務承継直後でなく、数年間保有した後に、リファイナンスで返済を受ける

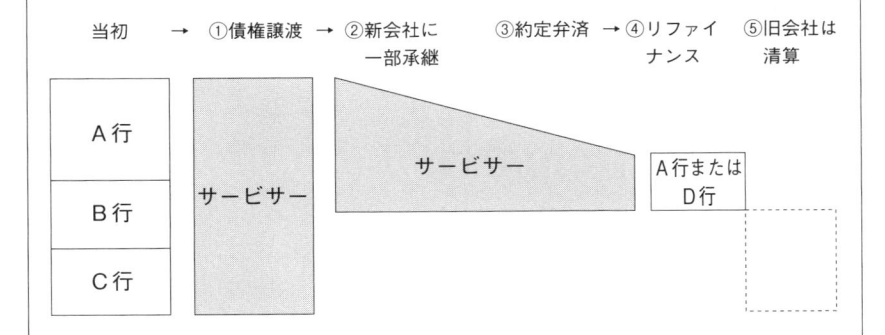

当初 → ①債権譲渡 → ②新会社に一部承継 ③約定弁済 → ④リファイナンス ⑤旧会社は清算

再生ファンドでよくとられる方式。あおぞら債権回収の再生ファンドでも支援協関与案件などでこの方式を採用している。

① A行、B行、C行の貸出金をサービサーまたは再生ファンドが譲り受ける。

② ①のうち、一部の貸出金を新会社に承継する。

③ サービサーまたは再生ファンドは承継した貸出金につき、数年間約定弁済を受けながら保有する。

④ 数年後、既存行（A行）または新規行（D行）が新会社に融資を実行し、その実行金でサービサーまたは再生ファンドの貸出金を返済する。

⑤ ②で新会社に承継しなかった貸出金は、旧会社を清算することで最終処理する。

入り口で債権を切り分け、承継しない債務は原則として元利金弁済を求めないため、金利支払等の弁済負担が早期に軽減される。

また、パターン1では新会社に承継する貸出金は、承継後ただちに新規融資を受けるが、パターン2では、新規融資を受けるのは新会社に債

権が承継され数年間返済を受けた後となるため、パターン1よりも大きな金額の債権を承継できる。つまり、新会社に承継する時点での実質カット額（旧会社に残して整理する債権のこと）が小さいため、債権を譲渡する既存行にとってもパターン1よりもカット割合が小さくてすむ。

　サービサーまたは再生ファンドは、数年間保有し、正常債権化が可能となった段階で、既存取引行（A行）または新規行（D行）からリファイナンスを受けて投資資金を回収し、旧会社は清算する。

　サービサーまたは再生ファンドは、入り口で実質的な債権カットを行ううえ、数年間のクレジットリスクを負うことになるため、パターン1のスキームに比べ、債務者の再生可能性の目利きと保有期間中の再生支援力が求められる。加えて、案件の初期段階から関与し、事業再生計画案などを独自に策定のうえ、取引金融機関・支援協・債務者側専門家との間に割って入るだけの、提案力と調整力が求められる。

　既存債権者が譲渡先の再生ファンドにも応分のリスク負担を求めることがあり、その意味でも、近時はパターン1よりもパターン2のほうが主流になっている。

〈パターン3〉債権譲渡を受けてから数年間保有、その後第二会社に一部債務を承継し、承継直後にリファイナンスで返済を受ける
①　A行の貸出金をサービサーまたは再生ファンドが譲り受ける。
②　B行の貸出金をサービサーまたは再生ファンドが譲り受け、債権を集約する。
③　①および②のうち、一部の貸出金を新会社に承継する。
④　数年後、既存行（A行）または新規行（D行）が新会社に融資を実行し、その実行金でサービサーまたは再生ファンドの貸出金を返済する。

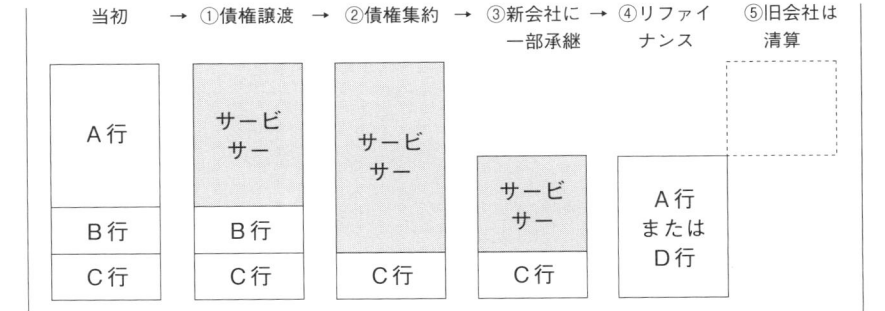

⑤　③で新会社に承継しなかった貸出金は、旧会社を清算することで最終処理する。

　当初の債権譲渡時では、必ずしも出口での第二会社方式でのイグジット（再生ファンド等が予定していた資金回収が完了し、その役割を実質的に終えることを、本書ではイグジットと呼ぶこととする）を具体的に計画していない場合も多い。債務者の業績改善状況や他の取引金融機関の動向をみつつ、徐々に債権を集約化する。リファイナンスの意向をもつ金融機関が現われた段階で、第二会社方式で、リファイナンス見合いの金額を新会社に承継する。

　信用保証協会が保証履行後の求償権を取得し競合債権者である場合（図の場合はＣ行）、同協会にも不等価譲渡を求める前提で第二会社スキームをとる場合は、支援協等関与の計画策定が必要になる。しかし、パターン３のスキームであれば、リファイナンス金額次第では同協会に対し全額償還できるため、支援協等関与を必要としない、という利点がある。

　状況に応じ、フレキシブルに再生手法を考える、サービサー系の再生ファンドならではの方式ともいえる。

〈パターン4〉第二会社方式によらず、残債務の整理・リファイナンスによりイグジットする

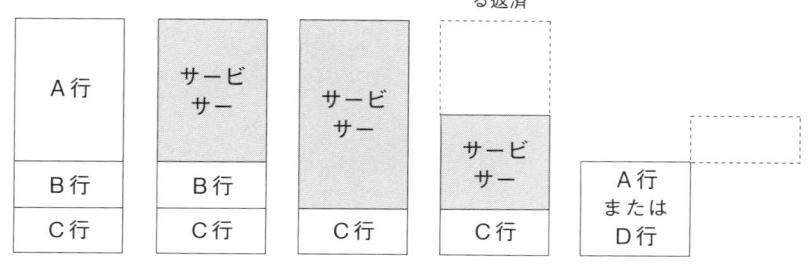

① A行の貸出金をサービサーまたは再生ファンドが譲り受ける。
② B行の貸出金をサービサーまたは再生ファンドが譲り受け、債権を集約する。
③ 不要資産を売却し、貸出金の一部を返済する。
④ 既存行（A行）または新規行（D行）が融資を実行し、その実行金でサービサーまたは再生ファンドの貸出金を返済する。
⑤ ④の返済後残った貸出金は、和解などで債務免除をするか、第三者に譲渡する。

　可能な範囲での返済を続けながら、遊休資産の一部売却等により債務整理を行い、リファイナンスを受ける。さらに残債務がある場合は、和解または第三者宛譲渡等の方法で整理する。サービサーまたは再生ファンドの保有分の残高シェアが小さければ、リファイナンスによらなくとも債務整理のみで再生が実現できることもある。これもサービサーならではの再生手法である。

　次に、サービサーによる事業再生のプラットフォーム、再生ファンドにつ

いて説明する。

2　再生ファンド

---

(1)　官民ファンドという存在

a　官民ファンドの概要

　事業再生のプラットフォームとして、欠かすことのできない存在が、再生ファンドである。

　この再生ファンドという存在が、現在のサービサーの担う役割・機能のなかでも重要性が高く、あおぞら債権回収でも、その再生業務の中心的なステージとなっている。

　そもそも「再生ファンド」とは何か。

　代表的なのは、経済産業省の外郭団体である中小企業基盤整備機構と地域金融機関とが共同出資して設立した、いわゆる「官民ファンド」であり、b以下で詳述する。

　産業活力再生特別措置法の改正により、中小企業基盤整備機構（当時の中小企業総合事業団）の出資による中小企業再生ファンドがいくつも設立された。

　それらのファンドは通常、「投資事業有限責任組合契約に関する法律」にのっとって設立され、有限責任社員（リミテッドパートナー、略して「LP」）として中小企業基盤整備機構と地域金融機関が、無限責任社員（ジェネラルパートナー、略して「GP」）として地域金融機関などが設立した子会社などが、それぞれ出資、投資期間を定める。LPの地域金融機関がそれぞれ自らの取引先向けの債権を持ち込み、GP子会社に出向者を送り、ファンドの運営をさせ、投資期間の終了時点においては、持込み金融機関がリファイナン

図表9　典型的な官民ファンドの図

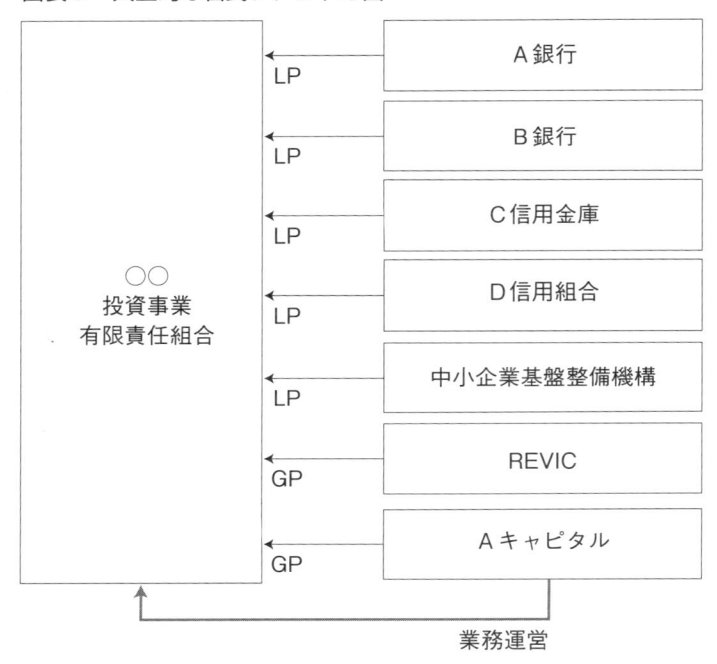

スで引き取る、といった形態が典型的である。

　投資は、デット（借入金）の保有のほか、エクイティ（株式）の保有も含まれる。投資を実行すると、定期的なモニタリングと、ハンズオンでの支援が行われる。

　再生計画どおり業績が進捗すると、リファイナンスなどにより、イグジットを迎える。

b　長所と短所

　「官民での」再生ファンドの長所と短所、双方をあげよう。

　まず長所としては、共同出資によりファンドにとって資金調達が容易となる、中立性が保てる、経験豊富な専門家を招くことでノウハウの共有ができる、等々があげられるが、それ以外にも、債権を譲渡する金融機関にとって

の、対外的な説明のしやすさというメリットがあるのではないだろうか。

　官民ファンドが設立された際、関係者のホームページ等で公表される。同時にLPの各金融機関も自らのホームページで、同じ内容をそれぞれ公表している。公表の効果として考えられるのは、譲渡する債権の債務者企業へのメッセージである。なぜかというと、債務者にとって借金をした相手が知らない相手に変わることはとても不安であり、抵抗感があるからである。また、譲渡先が再生ファンドであることにより、単に自らの不良債権処理のためではない、債務者自身の再生のためである、再生が実現すればまた取引することもやぶさかではない、というメッセージを込めることができる。

　債務者にとっても、そういう行き先であれば、納得して譲渡に承諾できる。再生ファンドには、経験豊富なスタッフがそろっており、再生のための支援を受けることができるため、債務者にとっても悪い話ではない。

　では官民の再生ファンドは万能なのか。実際には悩みどころも少なくないようである。その1つは、再生ファンドが再生に失敗した場合の影響が多方面にわたるという点である。なぜかというと、LPの各金融機関が共同出資、かつ案件持込み金融機関になっているからである。つまりA行、B行、C行3行存在して、仮にA行の取引先を持ち込むとすると、その買取資金を拠出するのは、3行である。つまりA行の不良債権処理のために、B行もC行も出資する。その後倒産でもすれば、A行はB行とC行に損害を与えることになる。また各行とも出資する以上、期待するリターンは得ておきたい。

　通常再生ファンドには、投資案件を審議し機関決定を行う機関として、投資委員会が設置されている。メンバーはLP各行や専門家などで構成され、中立かつ公正な投資判断が行えるような組織づくりが施されている。しかし、既述の実情からすれば、「リスクの高い債務者は受け入れられない」「再生実現性の高い債務者のみが再生ファンドの投資対象となる」など、案件を選別する傾向が表れたとしても、やむをえない。

　2つめは、投資期間が明確に定められている、という点である。ファンド

は投資家のために、投資期間中に期待された投資利回りを上げる必要があり、投資期間が満了し、債務者の再生がまだ完了しないためもう少し投資継続したいと思ってもできない。

さらに、再生ファンドはLPの各金融機関にとって無償ではない、ということもある。GP会社の設立、人材の派遣のみならず、ファンド運営の経費拠出のため、LPの各金融機関は、「マネジメントフィー」という名目で定期的に出資を行う。

もちろん、官民の再生ファンド、あるいはREVICといった公的な機関が、中堅クラスの企業の事業再生に大きな貢献をしてきたことは紛れもない事実であり、その功績を否定するものではない。

官民の再生ファンドやREVICにはない特徴、カバーしきれないカテゴリーの債務者に対し再生のインフラを用意している補完的な存在の1つとして、われわれあおぞら債権回収のような、サービサーの設立する、「民間での」再生ファンドを次に紹介する。

(2) サービサーが運営する、100％民間の再生ファンド

官民の再生ファンドと対比した場合における民間ファンドの特長を、あおぞら債権回収の再生ファンドを例に挙げて説明する（図表10参照）。もちろん、異なる形態の民間ファンドも存在すると思われるがご容赦いただきたい。

特長は、以下の3点である。
① 運営主体がサービサーであること。
② 投資家が親銀行1行だけであること。
③ 銀行グループの各種機能と連携していること。

(3) サービサーならではの柔軟性と信頼関係構築

a 官民ファンドとの違い

官民での再生ファンドとサービサーによる再生ファンドの違いを順に説明

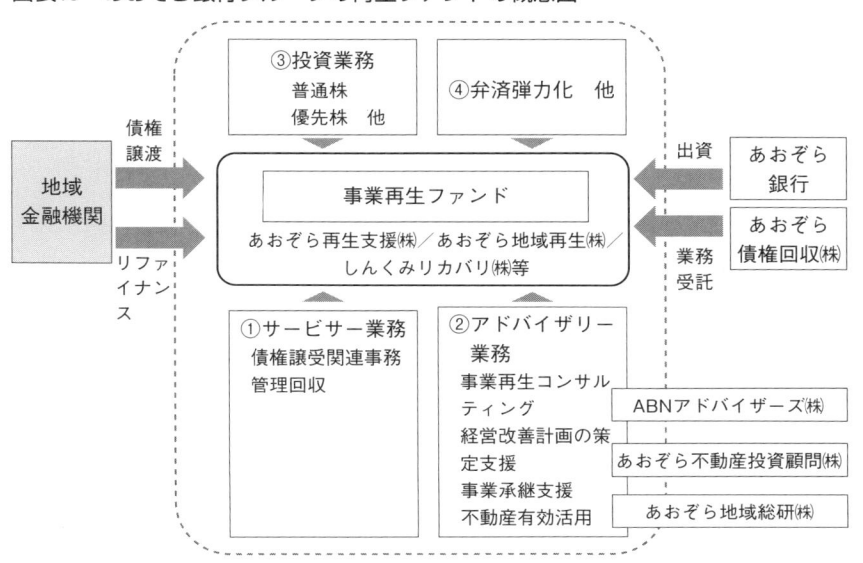

図表10　あおぞら銀行グループの再生ファンドの概念図

する。

　第一に、ファンドの運営がサービサーである、ということは、どんなメリットがあるのか。

　債務者は、計画があるからといって、必ずそのとおりに業績をあげたり弁済したりできるわけではない。

　その点、サービサーは、必ずしも予定どおりに返済ができるわけではない債務者に対する債権の取扱いに慣れている。

　つまり、資金繰りや経営環境によっては、決められた利息や元金の返済がむずかしいことが往々に発生してくる債務者に対し、柔軟な対応ができる、ということだ。

　金融機関であれば、元利金が約定どおり入ってこなければ「延滞」すなわち事故となるため、軽々に「今月は少なくても（なくても）いいですよ」とはいえない。また、金利や約定返済金額を軽減する取決めをした債権は、

「条件緩和債権」といわれ、債務者区分や分類、引当金額を変更するなど、通常でない措置が発生したりする。そのために、審査部門における審査手続や高いレベルでの決裁など、慎重な判断と相応の検討時間が必要となる。

　サービサーであっても、元利金が滞ることが望ましくないことには変わりがない。しかし、債務者の事情をよく聴いたうえで、将来の事業再生のために必要と判断できる場合であれば、多少の支払の先送りなどの依頼は受け入れることがある（ただし、その必要性が判断できるだけの、債務者・債権者間の信頼関係の構築が大前提である）。

　では、サービサーであれば、どんな場合であってもこのように柔軟な措置をとれるのか。

　あおぞら債権回収は、このような柔軟な措置をとってでも、事業再生や、再チャレンジを支援する必要のある債務者を受け入れる「場所」として、再生ファンドを設立し、運営している。

　そして、そのような柔軟な措置は、もともとの債権者である、地域金融機関からの申送りにより行っている場合が多い。先ほども官民ファンドの説明で記述したように、債権譲渡することで「見捨てた」と債務者に誤解されたくない、また債権譲渡後も、営業エリアにおける大切な事業者の1つとして、事業を継続してほしい。そのような事情や願いが込められた債務者が、地域金融機関の取引先として多く存在している。

　このような債務者を受け入れるための「場所」を用意しているか、また繰り返しであるが債務者との間にしっかりした信頼関係の構築が図れるか、という点が、再生ファンドを運営するサービサーとしては重要になる。

b　柔軟性をもったスキーム

　また、官民ファンドや支援協案件ではむずかしい柔軟な取組みが、民間の事業再生ファンドでは可能になることもある。

　公的機関が関与した案件では、税務上のメリットについてのお墨付きを与えることになるため、「衡平性」「フェアネス」の観点が求められる。つま

り、負担すべき立場の人が、応分の負担をしているか、当事者のだれかが、不当な利益を享受していないか、という点がチェックされる。

窮境に陥った企業のオーナー経営者に対し、事業再生スキームを組む際、経営者責任をとったり、応分の負担を負ったりすることを求めるのは、その観点からである。

近年、経営者保証に関するガイドラインと一体型での事業再生計画が普及し、連帯保証人となっているオーナー経営者が、必要以上の負担を強いられず、ガイドラインの範囲内で保証債務を整理することができる。

しかしなかには、ガイドラインの範囲内であっても、保証債務の履行を拒み、また経営権を手放さないオーナーも少なくない。そうなると、事業自体が再生可能であっても、計画自体が策定できず、最悪の場合は法的整理手続に移行する、といった事態にもなりかねない。

こうした際には、ある程度の柔軟性をもって再生スキームを組み、事業を存続させることも、時には必要であり、そのような役割は民間の再生ファンドでないと果たせないことがある。

c 具体的な事例：ある製造業者のケース

あおぞら債権回収が運営する再生ファンドで債権を保有していた、ある製造業者のケースを紹介したい。

その企業は、ある有名なメーカーに主要な原材料を納めている製造業者である。過去に実施した工場の設備投資のための借入金の返済が計画どおり進まず、債務超過となった。県の支援協に第二次対応の申込みを行って検討を始めたが、なんらかの理由で頓挫してしまい、その後、ある地域金融機関からあおぞら債権回収が運営する再生ファンドに債権が譲渡された。調べると、事業収支は決して悪くない。製品も得意先に評価されており、パイプも太いようだ。社長と相談し、再生のプランを構築しようとした。

ところが、社長が話に乗ってこない。今後事業を拡大し、借金を全額返済するといって聞かない。保証履行もしたくない、という。

社長に次ぐ地位にある役員と連絡をとり、詳細を調査してみると、社長一族への資金流出が確認された。会社を私物化していたのである。事業は悪くないのに、支援協が計画策定を断念した理由が理解できた。

役員からも、再生ファンドに対し、「ぜひ社長を説得してください。従業員も皆同じ気持ちです」と頼まれた。リファイナンス先は見つかったため、第二会社方式を採用し、事業を新会社に承継することとした。しかし、社長が首を縦に振らない。

役員と共に何度も社長を訪問し、説得を続けた。その結果、個人保証の追及は行わず、新会社の代表権のない会長に就任してもらい、かつ退任時には相応の額の退職金を分割で支払うことで、ようやく合意を得た。一種の「ゴールデンパラシュート」である。

その後5年以上経過しているが、この会社は順調に業績を伸ばしているようである。おそらく、官民ファンドや支援協関与の状態では、経営責任の追及が十分とはいえない計画は認定されないであろう。ある意味では「甘い」スキームといわれるかもしれない。しかし、社長以外の役員・従業員が同意し、事業が存続することができ、かつ債権者も同意ができるのであれば、柔軟性のある対応を行いつつ事業再生を行うことも、時には必要である。そして、それができるのが民間の事業再生ファンドという存在であるということが確認できる事例であった。

⑷　投資家が親銀行単独であることのメリット

第二に、再生ファンドの投資家が親銀行だけであることに、どのようなメリットがあるのか。

「官民の」再生ファンドの投資家は、先ほど記述したように、複数の地域金融機関や中小企業基盤整備機構などである。そこで受け入れる債務者は、自行の元取引先であるとは限らない。投資家として、一定のリターンを求めるのは当然である。特にファンド向け出資は、通常の貸出と比べ、規制資本

や経済資本上の賦課率が高く、自己資本比率にも影響する。資本コストの高い投資であり、しっかりリターンをあげてもらいたい、という要望もある。

投資家が親銀行だけであってもそのような事情は変わらないが、親銀行からは、投資利回りの向上とともに、子会社としての事業の柱である「事業再生支援業務」が、適切に運営されることを求められている。

仮に予定期間内に十分なリターンが得られなかったとしても、あと数年継続保有することで債務者の再生が図られる、あるいは将来は廃業しかないだろうという債務者であっても、債務者自身の意欲や生活の事情などを考慮してまだ事業を続けさせたい、という場合は、もう2、3年、またはもう5年、債務者の意向を尊重し、取引を継続することもできる。

5年間待って開花しなかった取引先であれば、その後何年待っても同じではないか、と思われるかもしれない。ところが、景気循環のサイクルを3年から5年とすると、ファンドで受け入れたタイミングによっては、景気の下降トレンドしか経過しない債務者もいる。

ところが10年経つと、違ったトレンドや経済環境が現れる。債権譲渡時にはあまり再生の可能性が高くないと思われた債務者が、その後いろいろな好機が訪れて、立派に再生ファンドを卒業していく、そのような事例を目の当たりにすると、「時間を与えること」の大切さを痛感する。デットでなくエクイティであること、貸出でなく投資であることの最大のよさは、投資期間を柔軟に考えられることでもある。

第4章2で紹介するビジネスホテルの物語は、保有期間中に地震を経験した複数の実例をもとに創作したものである。もし、親銀行だけを投資家とする再生ファンドと異なり、複数の投資家が関与し、投資期間が限られている一般的なファンドであるならば、投資家間の利害調整がうまくいかなかったり、ファンド保有期限の到来などにより地震の痛みを治癒できない状態で担保（つまりホテル）の売却を余儀なくされ、この物語のようにはならないかもしれない。投資家が単独で長期保有しながら出口を探れる再生ファンドで

あるからこそ、このような、再生の物語が成り立ちうるのである。

このように再生ファンドの投資家が親銀行だけであることが、事業再生や再チャレンジの支援のために、大きなメリットを生んでいる。

(5) 各種機能との連携

第三に、銀行グループの機能を使えることのメリットについて記述する。

あおぞら債権回収の再生ファンドのように、貸金業登録をしていない、また株式の保有も行っていないファンドは、「官民の」再生ファンドと比べると、一見機能不足であるようにみえる。

ところが実際は、あおぞら債権回収は親銀行の再生ファイナンスの専門部署や事業再生会社向け投資ファンドの運営部署等と連携し、グループとして総合的に対応している。

このように、「官民での」再生ファンドにはない、「民間での」再生ファンドとしてのメリットを生かせる存在として、あおぞら債権回収のようなサービサーが運営するファンドがあるということがご理解いただけたと思う。

(6) さまざまなニーズへの対応と工夫

このような特長をもつ、100％民間の再生ファンドの仕組みが、あおぞら債権回収において最初に設けられたのは、匿名組合形式での投資スキームを始めた1999年の設立当初にさかのぼる。

その後も、顧客である地域金融機関からさまざまなニーズが寄せられた。地域金融機関がサービサー子会社を設立するにあたり、これを支援するために、管理回収の再委託をその子会社に対し行うスキームを構築したこともある。サービサー子会社支援のため、トレーニーや出向者を受け入れたり、またサービサー子会社に出向者を派遣したりしたこともある。

地域金融機関のみならず、某大手事業会社からも依頼があり、共同出資による再生ファンドを設立、運営したこともある。

さまざまなケースのなかで、現在はおおよそ以下のスキームを主流としている。

① 　ファンド形式：匿名組合形式

② 　営業者：あおぞら債権回収の子会社SPC（あおぞら地域再生、あおぞら再生支援等）

③ 　匿名組合員（投資家）：あおぞら銀行

　このうち、②のSPCが営業者となる理由は、ファンドごとのコンセプトを社名で表すためであるが、「○○債権回収」を債権者名としないことも理由の一つである。サービサー法の定めにより、債権回収会社は、その商号に「債権回収」の4文字を入れなければならない。ただ、債権回収という呼び名は、債務者にとっては決して聞こえのよいものではない。決算関連や税務申告関連の書類の借入金明細の借入先として、または所有する不動産の登記事項証明書の乙区の債権者として「○○債権回収」と書かれていると、業績が不振で取引金融機関に債権売却されてしまった「危ない会社」と思う人も、世の中にはいるようである。ところが再生ファンドの場合、営業者であるSPCが債権者となる。たとえば、「あおぞら地域再生株式会社」「あおぞら再生支援株式会社」などである。これにより、再生を支援する会社が債権者であることが明確となり、ネガティブなイメージが少なくなる。

3　民間ファンドの実力

　2019年3月末現在で、あおぞら債権回収が関与し、かつ公表している再生ファンドで、現在稼働しているのは、以下のとおり全部で7つある。

① 　中小事業者パートナーファンド（主に地域銀行向け）

② 　しんきん地域再生ファンド（信用金庫向け）

③ 　しんくみリカバリファンド（信用組合向け）

④　ぐんま中小企業再生ファンド（県内金融機関向け）

⑤　やまなし事業再生ファンド（県内金融機関向け）

⑥　九州地域活性化ファンド（特定の金融機関向け）

⑦　千葉・武蔵野パートナーファンド（特定の金融機関向け）

　公表されていないファンドや、過去に運営していたがすでに買取を終了したファンドも含めた、ファンドで取り扱った債権の債務者数は、約600先存在する。このうち、すでにファンドからイグジットした債務者は、約400先にのぼる。この400先が、イグジット後も事業継続しているか、追跡調査を行った。といっても、実際に連絡が可能な先もあれば、そうでない先もある。状況が判明した先約250先のうち50先は、残念ながら清算や倒産をしたようだ。逆にそれ以外の200先は、事業を継続している。つまり状況が判明した先のうち70〜80％の債務者に対しては、ファンドとして事業継続の支援に成功したということであり、あおぞら債権回収の再生ファンドが「債務者が事業を続けている限り回収し尽くす」といったハゲタカのイメージと大きく異なることがおわかりいただけたと思う。

　何よりも、あおぞら債権回収は、「信頼性」という言葉を大切にしている。債権者と債務者という、利害が180度対立する立場であるからこそ、「債務を減らしていく」「事業や生活を立て直す」といった共通課題を設定し、課題解決のために何をすべきか、一緒に考えていくといった信頼関係が構築できれば、サービサーが行う事業再生はおのずから、その道筋がみえてくる。

第 3 章

金融行政とサービサーの歴史

あおぞら債権回収のようなサービサーが、第2章のような現在のビジネス
モデルを確立するまでには、さまざまな紆余曲折があった。決して順風満帆
というわけではなく、なかには債務者のことを考えて努力したが、なかなか
理解し合えなかったこともある。

第3章では、サービサー法が制定された発端である、バブル経済崩壊後の
金融情勢から説き起こしながら、いかにしてあおぞら債権回収などのサービ
サーが現在の姿になったのかを、時系列的に記していきたい。

なお、本章では、サービサーの譲受回収業務と同様にサービサーに回収を
委託しながら不良債権投資を行う投資家も含めた総称として、「サービサー
等」という用語を用いている。

1　サービサーの生い立ち

（1）　サービサー誕生の背景

サービサー誕生の背景を概観するためには、平成の初頭から振り返る必要
がある（巻末資料2参照）。

1989年、日本経済はバブルの頂点にあったが、金融機関や企業は地価上昇
を背景とした投機的な融資や投資に走っていた。だが、翌年の大蔵省（当
時）の総量規制により、投機的な資金供給のパイプは急速に細くなり、日本
経済は凋落に向かった。

最初に影響を受けたのは、銀行等で対応できない融資先にファイナンスを
行っていた、住専等のノンバンクである。その後、銀行等金融機関も多くの
貸出債権が不良債権化し、自己資本が毀損した。もともと諸外国の銀行等に
比べ自己資本比率が低かったこともあり、破綻に追い込まれた金融機関も発
生した。日本政府は、銀行等が保有する不良債権を早急に処理し、その資産

内容を健全化することが日本経済の回復のための必須の課題と位置づけた。

　対策として、まず1993年に共同債権買取機構（CCPC）が設立され、不動産担保付不良債権を当該金融機関経由でCCPCへ持ち込むことができるようになった。しかし、債権を売却した金融機関はCCPCがその債権を買取金額以上で処分できない場合、そのロス分を後で負担する義務を負っていたため、CCPC設立は金融機関の不良債権処理についての根本的な解決とはならなかった。

　金融機関が引当を積み増し、そのうえで債権を売却することで不良債権処理を促進する必要性が高まった。そのためには不良債権を第三者に売却した後、譲り受けた債権者が適正・公正にその債権回収を行う必要がある。しかし当時、これができるのは、弁護士法の定めにより、弁護士に限られていた。その当時の処理すべき不良債権のボリュームと緊急性に鑑みると、弁護士だけで対応するのは困難であり、民間活力を導入しながら、適正・公正な専門家を育成していくことが急務となった。

　黒川弘務氏著の『逐条解説　サービサー法』によれば、サービサー法制定の経緯について、以下のとおり書かれている。「サービサー制度の導入については、平成９年末の自由民主党金融システム安定化対策小委員会（保岡興治委員長）において、不良債権問題の有力な処理策の１つとしてその構想が浮上し、第３次緊急国民経済対策において、『米国で債権回収を専門的に行う事業者（サービサー）が存在し、不良債権の早期処理に大きく寄与している現状にかんがみ、金融システム安定化のため、わが国においても債権回収業を育成する必要があり、そのための方策について、今後、法曹関係者をはじめとする広範な関係者の協力を得て、議員立法も含め、幅広い観点からそのあり方を早急に検討すべきである。』旨の提言が盛り込まれたのが立法化のきっかけとなった。その後、同党の土地債権流動化促進特別調査会（後に金融再生トータルプラン推進特別調査会に改称、保岡興治会長）サービサーワーキングチーム（杉浦正健座長）において、検討が継続され、旧法（著者注；債

権管理回収業に関する特別措置法のこと。本書発行前に法改正があったため旧法と書かれている）案は、平成10年8月5日、いわゆる金融再生6法案の1つとして議員立法により国会に提出されたものである」（四訂版、2頁、2012年6月3日、一般社団法人金融財政事情研究会発行より抜粋）。

そして、1998年の第143回国会（いわゆる「金融国会」）において「債権管理回収業に関する特別措置法」（以下、「サービサー法」という）が議員立法により可決成立、1998年10月16日に公布され、同法の施行期日を定める政令により1999年2月1日に施行された。これにより、弁護士法の特例として一定の要件を満たしかつ法務大臣の許可を受けた民間事業者が、債権管理回収業を営むことができるようになった。

以降、サービサーは銀行等の不良債権処理の迅速な処理という面で大きな役割を果たし、その役割は時代とともに変わりつつも、金融システムの一部として定着した。

(2) あおぞら債権回収の誕生

その頃、サービサー法制定と同時並行的に水面下で進められていた、「あおぞら債権回収」の誕生経緯について紹介する。

あおぞら債権回収の母体行である日本債券信用銀行（以下、「日債銀」という。後のあおぞら銀行）が、金融再生法による特別公的管理の対象とされたのは、サービサー法公布から2カ月後である。ちなみにこの金融再生法は、サービサー法制定と同じ金融再生6法案の1つであった。

当時、東京・九段下に本店を構えていた日債銀は、多額の不良債権により市場での信用力が低下していたうえ、1997年4月に同行関連ノンバンク3社が破綻するなど、厳しい経営状況に置かれていた。

その状況下、当時の日債銀の経営陣は、不良債権ビジネスを新たな業務の一つとして開始することを模索していた。従来から、地域金融機関などと一般貸付債権流動化の取引を行っていた実績もあり、不良債権回収の局面で得

ることができた経験やノウハウを、今度は前向きなビジネスとして使うことができるのではないかと考えたのである。その当時のようすが、NHKのテレビ番組「クローズアップ現代」でも紹介されている。

　また、グループに不動産会社が存在していたことも、その強みを形成する要因の1つとなった。もともと日債銀は、日本不動産銀行という旧商号のとおり不動産に強みを有し、不動産融資を事業の主要な柱に据えていた。また、若手行員に不動産鑑定士の資格取得を奨励し、多くの社内不動産鑑定士を抱えていた。日本地所やアサヒ都市開発といった不動産業務を行う会社も、グループ内に存在していた。

　しかしながら、不良債権投資を業務として拡大していくためには、適正かつ公正に取引ができるマーケットの創設が課題であり、そのためにはサービサー法が制定される必要性があった。日債銀は、国内のみならず欧米における不良債権処理を手掛けた実績と経験があったため、法制定によるマーケットの創設に賛同し、求めに応じ意見具申等を行っていた。

　1998年6月、日債銀は銀行内に「債権流動化室」という組織を設立した。この債権流動化室が、あおぞら債権回収の実質的な発祥となる。

　同じ年の12月に、日債銀は特別公的管理となった。特別公的管理下となっても、サービサー設立の方針は揺るがなかったが、組織変更や子会社設立を行う場合は、金融再生委員会に諮る必要があった。サービサー設立の準備のなかで、最もハードルが高かったのは、資本金である。すでに述べたように、サービサーの最低資本金はサービサー法5条1号で5億円と定められている。新たに5億円を使って子会社に出資することができなかったため、業務を撤退したいくつかの子会社を合併することで資本金を整えた。

　1999年6月に「日債銀債権回収株式会社」が設立され、同年9月17日に法務大臣から営業許可を受けた。本社は千代田区九段北、日債銀旧本店の向かい側にある、賃貸ビルの1室である。

　法務省の許可番号は22号。特別公的管理の影響により設立準備と許可が遅

れ、法制定から許可まで 1 年近く経過したため、22番目のスタートとなった。

　営業開始に先立って、1999年 7 月に全国信用協同組合連合会（略称「全信組連」）が資本参加、さらに、設立の翌年 1 月には全国信用金庫連合会（略称「全信連」、後の信金中央金庫）の出資も受けることができた。2002年 3 月に全信連が追加出資を行い、これにより、日債銀67.6％、全信連20.0％、全信組連12.4％という、現在の出資構成が固まった。

　設立までは紆余曲折があったものの、その後の業務の立ち上がりは順調であった。すでに不良債権ビジネスの経験・ノウハウを銀行本体で蓄積したうえでの事業立上げだったことに加え、その当時から、また国有化後も関係を保っていた多くの地域金融機関からの相談や、対象債権の開示が継続的に行われていたことも、順調に業績を伸ばすことができた大きな要因であった。

　2001年 1 月、日債銀債権回収は、「あおぞら債権回収」に商号変更した。

　あおぞら銀行と同じく、子会社サービサーを設立しようという地方銀行も現れ始めた。先行していたあおぞら債権回収は、そうした地方銀行からトレーニーを受け入れ、自身の業務ノウハウを積極的に伝授した。

　これは、債権の譲受元である地域金融機関との関係強化の目的もあったが、まだ揺籃期であるサービサー業界の発展のためには、自社だけでなく同業他社の成長も必要と考えていたからである。

（3）　サービサー業界の時代区分

　巻末資料 2 をご覧いただきたい。筆者の独断と偏見で、サービサー業界の歴史を、1997年から2000年までの「黎明期」、2001年から2004年までの「成長期」、2005年から2008年までの「成熟期」、2009年から2013年までの「後退期」、2014年以降の「再興期」と時代区分してみた。

　サービサーの経営環境は金融政策、銀行等の経営課題・経営環境に左右される。この時代区分のあらましを、当時の金融経済環境と併記しながら解説

する。

1997年のサービサー法制定検討当時から「黎明期」はスタートする。

当時は外資系投資家が大手銀行の問題債権を譲り受けていた。政府は、自己資本の拡充や不良債権処理など、日本の金融機関の財務内容を早期に健全化させる方策を打ち出し、特に不良債権の流動化は大きなテーマであったことから、不良債権処理の受け皿たる民間事業者としてのサービサーに債権の管理・回収を業として行うことが認められた。サービサー法施行後、銀行、ノンバンク、消費者金融会社、信販会社、不動産会社等が続々とサービサーを設立、任意団体として設立された業界団体「一般社団法人 全国サービサー協会」の会員会社数は40社となった。

大手銀行が不良債権処理のメドをつけるまでの期間が「成長期」である。地域金融機関によるサービサー設立件数が増えた年代であり、あおぞら債権回収もトレーニー受入れや出向者派遣等で、サービサー設立の側面サポートを行っていた。

通称「竹中プラン」といわれる「金融再生プログラム」をはじめとする金融庁の施策が打ち出され、大手銀行は不良債権の処理を加速させた。大手銀行は、サービサー各社に対し大規模な債権譲渡を実施し、目標達成期間である3年以内に個々の処理を完了した。

大手銀行のみならず、地域金融機関も経営課題の最優先事項に不良債権処理を掲げた。サービサーも地域金融機関に対する営業を拡大した。不良債権処理のための各種の公的機関が設立されたのもこの時期である。産業再生機構の発足に加え、中小企業総合事業団（現在の独立行政法人中小企業基盤整備機構）が中小企業再生ファンド出資業務を開始し、後の「第1次事業再生ファンド設立ブーム」の下地をつくった。

「地域密着型金融」をキーワードに、地域金融機関が中小企業の再生と地域経済の活性化を図る各種取組みを進めることで、債権譲渡による不良債権処理を推進したのが「成熟期」である。地域金融機関は、地元企業の事業再

生のために事業再生ファンドを立ち上げた。これが「第1次事業再生ファンド設立ブーム」にあたる。サービサー等が「事業再生」というキーワードを使うようになったのもこの頃である。

　サービサー等の間の競争が激化し、また不動産市況が活況であったため、不動産担保付債権の譲渡価格が高騰した。2006年から2008年の間に譲渡された不動産担保付債権は、リーマン・ショック後は「塩漬け」となり、投資資金の回収のためには不動産市況の回復を待たねばならなかった。

　2007年、海外ではサブプライムローンの問題が顕在化しつつあった。そして2008年、ベアー・スターンズの経営が悪化、9月にはリーマン・ショックが発生、国内では不動産の好況をテコに急成長していた中堅不動産会社が経営破綻した。サービサー各社も、リーマン・ショックより前にリスクを察知し新規の債権譲受を抑制していた一部の会社を除き、軒並み資産内容と経営状態が悪化した。

　1999年のサービサー法施行以降、順調な発展を遂げたサービサー業界であったが、2009年以降は長い「後退期」を迎えた。リーマン・ショックに加え、その遠因となったのが、「中小企業者等に対する金融の円滑化を図るための臨時措置に関する法律」（以下、「円滑化法」という）である。金融機関に対して、中小企業等から返済条件の変更の申出があった場合はそれに応じるよう努力する義務が課せられ、また、業況悪化傾向がみられる貸出先について、銀行等は「実現可能性の高い抜本的な経営再建計画（実抜計画）」や「合理的かつ実現可能性の高い経営改善計画（合実計画）」策定のサポートを行い、開示債権を減らした。これらの措置が、譲渡対象債権を減少させる要因の一つとなった。

　円滑化法が失効した2013年の翌年以降が「再興期」に当たる。2012年に「暫定リスケ」の推進材料となった「経営革新等支援機関認定制度」が設けられ、事業再生分野では、中小企業基盤整備機構出資による「第2次事業再生ファンドブーム」やREVIC発足といった公的機関の関与が活発化した。

銀行等において不良債権処理はもはや経営課題ではなくなり、依然として譲受債権回収業務は縮小したままであったが、サービサーにおいても「債務者保護」「事業再生」の観点が重視されるようになった。その結果、債務者保護と事業再生を柱に据えるサービサーが新たな活動をみせる一方で、引き続き厳しい経営環境下において撤退や廃業を決断するサービサーも出てきているのが、今日の業界の姿である。

　以上、サービサー業界の歴史を駆け足でみてきたが、さらに現在までの流れを順に深掘りしてみたい。

2　金融行政の歴史とサービサーの興廃

(1)　黎明期：1997年〜2000年

　バブル経済崩壊後の銀行等金融機関の最大の経営課題は、不良債権の処理であった。

　銀行等金融機関は、毎期多額の処理費用を計上しても、融資先企業の業績は振るわず、倒産件数は増加の一途をたどり、自己資本比率などの経営指標が悪化した。1997年6月に、不良債権償却証明制度が廃止され、大蔵省（当時）の事前了解を得ず金融機関自身の判断による債権償却が可能となったが、実際に償却価額の妥当性・必要性を証明することは容易ではなかった。

　自己資本比率を一定水準以上に維持するため、大手銀行はさまざまな対策を講じた。第一に、劣後ローンや劣後債の発行による直接的な資本補強により、自己資本比率算出上の分子を増やす。第二に、貸付債権の流動化により分母を減らす。このうち第一の方法は、邦銀全体の格付の低下もあり、直接的な資本増強はむずかしい環境にあった。その結果、貸付債権のなかでも自己資本比率向上と不良債権比率低下の両方に効果がある、不良債権の流動化

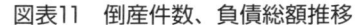

図表11　倒産件数、負債総額推移

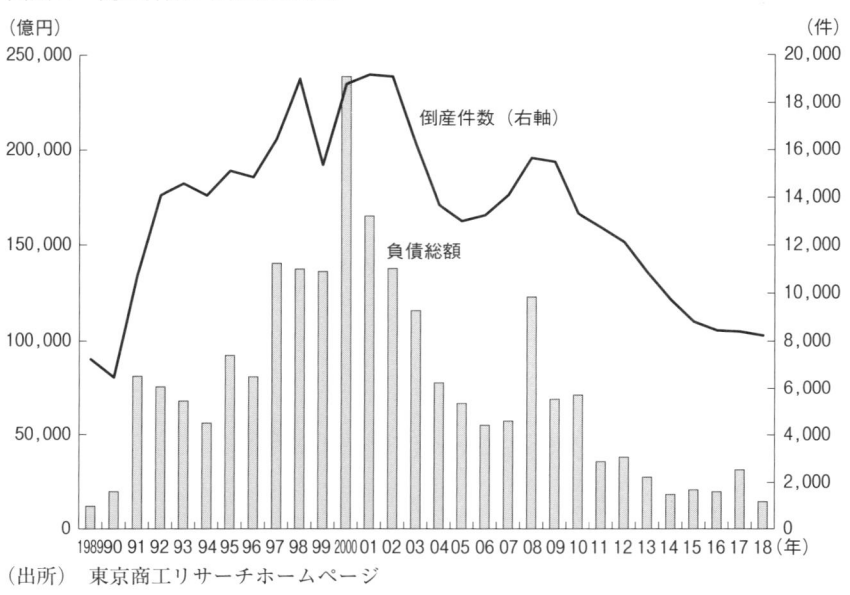

（出所）　東京商工リサーチホームページ

が注目されるようになった。

　そうした大手銀行の動向をいち早く察知したのが、外資系投資家である。彼らは不良債権処理に悩む大手銀行に対し、米国で行われている、複数の不良債権等を一括して第三者に売却する「バルクセール」の手法を提案した。

　バルクセールの実施により、債権のうち債務者等の属性が悪いもの、債務者等の行方が不明なもの、担保不動産が暴力団員等反社会的勢力に占有されているもの、担保権の順位が劣後しており換価処分時の配当が見込めないもの、権利関係が複雑なもの等々、個別では譲渡がむずかしい債権を、一括して譲渡することで、資産内容の健全化のみならず、債権管理・回収活動にかかわるコストを削減することができ、また、債権売却損計上による無税償却を行うことも可能となる。

　これらの利点に着目した大手銀行は、1998年3月期において額面で数百億

から数千億円の不良債権を譲渡した。当時の不良債権の譲受側は、数社の外資系投資家などに限られており、譲渡側が別途アドバイザリー手数料等を支払う場合もあった。

　その後、既述のとおり規律ある不良債権マーケットを創設するため、1999年にサービサー法が施行され、同年に27社のサービサーが誕生した。

　サービサー法施行直後は各社ともに試行錯誤の連続であり、債権評価にかかわるデュー・ディリジェンス（以下、「債権DD」という）、債権譲渡にかかわる事務手続、債権譲受後の債務者対応など、さまざまな課題を抱えていた。

　当時債権譲渡による不良債権処理を行っていたのは主に大手銀行と一部の地方銀行であり、地元企業の反応に配慮し、譲渡対象債権を地元の営業エリア外で発生した法的整理債権のみに限定する地方銀行も少なくなかった。信用金庫、信用組合においては、不良債権処理手法のため債権譲渡を行うことはまだ一般的ではなかった。

　保険会社においては住宅ローン債権を流動化したいとの要望があった。住宅ローンプールは小口かつ多数の債権プールであるため、債権譲受事務および譲受後の管理・回収事務において煩雑な事務負担を伴った。一部のサービサーはこの分野にチャレンジし、その後の住宅ローンプールの取扱いができるサービサーとしての知名度をつくった。

　譲渡対象となる債権の債務者区分は、破綻先または実質破綻先が中心であった。債権譲受後サービサーは債務者等との交渉を開始、さまざまな提案を行い、譲渡金融機関において進まなかった債務整理を実現させることができた。譲渡対象債権の債務者等も、バブル期に負った過剰な債務から徐々に解放されていった。

⑵　成長期：2001年〜2004年

　2001年以降も、金融機関の不良債権問題の解決は、依然として景気回復のために避けて通れない課題として残っていた。日本政府が打ち出した2001年

の「緊急経済対策」および金融庁が取りまとめた2002年の「より強固な金融システムの構築に向けた施策」により、大手銀行は不良債権の最終処理のための措置を講じることを求められ、2002年10月「金融再生プログラム」により処理目標（不良債権比率の半減）と処理期限（2005年3月期）が定められた。

　大手銀行は、債権譲渡による不良債権処理を加速させ、譲渡対象債権の債務者区分は破綻懸念先まで範囲を広げた。

　大手銀行の対応を受けて、地域金融機関においても次第に不良債権処理が活発化した。2002年の土木・建設関連企業の倒産に際し、債権者である地方銀行が再生計画や更生計画が提示される前に債権譲渡に動いたことなどは、その一例である。また、地方銀行がサービサー設立や不良債権分離子会社の設立を開始したのもこの時期である（図表12参照）。2003年に入ると、それまで債権譲渡による不良債権処理に消極的であった信用金庫、信用組合も、同じく債権譲渡を行うようになった。

　サービサー等にとっては、その当時の処理能力を超えた案件の供給がなされた時代であった。サービサー等のもとには、譲渡対象債権に関する大量の資料が送られ、譲渡対象債権の債務者数が1回の案件につき数百といったものもあった。業務拡大にあわせて人員や営業拠点など事業規模を拡張したサービサー等も多かった。

　公的機関の不良債権投資市場への参入も増えてきた。2003年から2007年まで存在した産業再生機構は、事業再生のために債権や株式を買い取り、対象企業の再生を支援した後、スポンサー企業に同債権や株式を売却する手法で、多くの企業の再生を実現した。

　公的機関参入の下地になったのが、金融庁により2003年に取りまとめられた「リレーションシップバンキングの機能強化に向けて」（以下、「リレバン」という）である。リレバンでは「早期事業再生に向けた積極的取り組み」を進める必要性が説かれる一方で、「中小・地域金融機関の不良債権の特性を踏まえた処理の推進」のなかで不良債権のオフバランス化に積極的に取り組

図表12　サービサーの状況

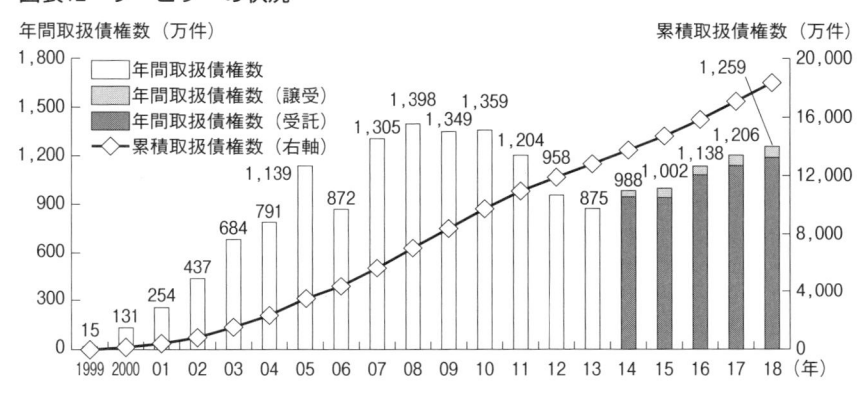

年間取扱債権数（万件）　　　　　　　　　　　累積取扱債権数（万件）

- 年間取扱債権数
- 年間取扱債権数（譲受）
- 年間取扱債権数（受託）
- 累積取扱債権数（右軸）

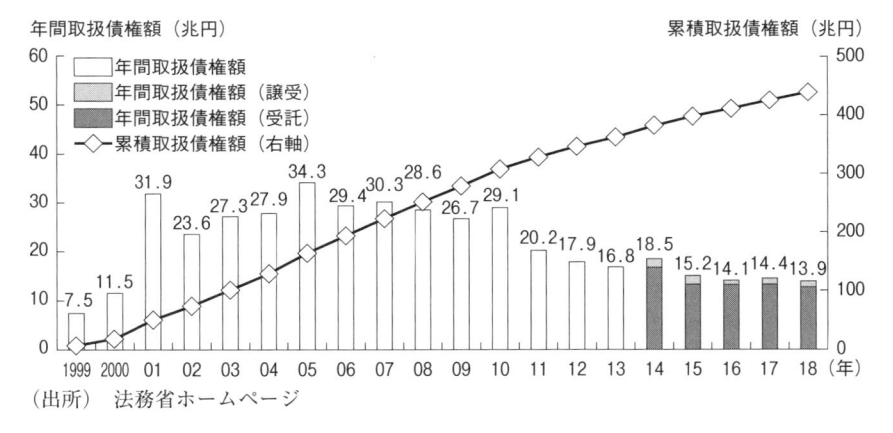

年間取扱債権額（兆円）　　　　　　　　　　　累積取扱債権額（兆円）

- 年間取扱債権額
- 年間取扱債権額（譲受）
- 年間取扱債権額（受託）
- 累積取扱債権額（右軸）

（出所）　法務省ホームページ

むべきことが明記されていた。「地元企業の事業再生」と「不良債権の早期オフバランス」の２つが、地域金融機関経営のキーワードになった。

　余談であるが、このリレバンは、2005年３月の「地域密着型金融の機能強化の推進に関するアクションプログラム」、2007年８月の「地域密着型金融の推進に関する監督指針」の策定、2009年12月円滑化法の施行を経て、2011年５月の地域密着型金融の推進に関する監督指針の改正に至る、一連の流れの端緒となるものである。同監督指針には、「顧客企業に対するコンサル

ティング機能の発揮」のうち事業の持続可能性が見込まれない顧客企業に対する外部専門家・外部機関等との連携によるソリューション（例）として、「税理士、弁護士、サービサー等との連携により顧客企業の債務整理を前提とした再起に向けた方策を検討」（傍点筆者）という記載がある。

金融庁の監督指針に"サービサー等との連携"が登場するのは画期的、あるいは一見唐突なようにもみえるが、そうではない。

あおぞら債権回収では、2003年のリレバン公表以前から、事業再生を目指す顧客企業に対し、単なる「取立て屋」（契約の変更もせず、一定金額の支払を債務消滅まで続けさせるだけのたとえ）ではなく、収支資力に見合った弁済を継続させ、一定金額の支払後に債務を免除等することで、債務者に配慮した管理回収方法をとるケースが多くあった。

おそらくあおぞら債権回収以外のサービサーでも、そうしたケースはあったと思われ、リレバン公表以前からのそうした作動と、金融当局とサービサー業界との継続的なコミュニケーションが、2011年の監督指針における"サービサー等との連携"の文言挿入に至ったものと思われる。

話を当時に戻すが、「産業活力再生特別措置法の一部を改正する法律」において、中小企業等投資事業有限責任組合の事業に、経営が悪化している企業の金銭債権取得等の特例業務が追加され、同組合の再生支援ファンドとしての業務を可能にした。これとともに、中小企業総合事業団の業務の特例として、中小企業等投資事業有限責任組合に対する出資業務が追加された。こうして地域金融機関経営の2つのキーワード「地元企業の事業再生」と「不良債権の早期オフバランス」を支える制度ができあがった。

(3) 成熟期：2005年～2008年

2005年3月期の決算において、大手銀行の不良債権比率（金融再生法開示債権ベース）は2.9%まで低下、2002年3月期不良債権比率8.4%の半減目標を達成した（図表13参照）。地域金融機関においても譲渡対象債権の幅を拡

大、債権譲渡による不良債権処理を加速させた。

　当時の地域金融機関が重視したキーワードは、「地域」「事業再生」「不良債権処理」の３点であり、その３点を同時に満たすのが「中小企業基盤整備機構の出資による中小企業再生ファンド」、いわゆる官民ファンドであった。地域金融機関としては、官民ファンド設立により、地域振興のための活動、業況不振先の事業再生、不良債権処理の３点を対外的にアピールすることができ、地域を代表する地方銀行が中心となり、相次いで官民ファンドが

図表13　不良債権比率の推移

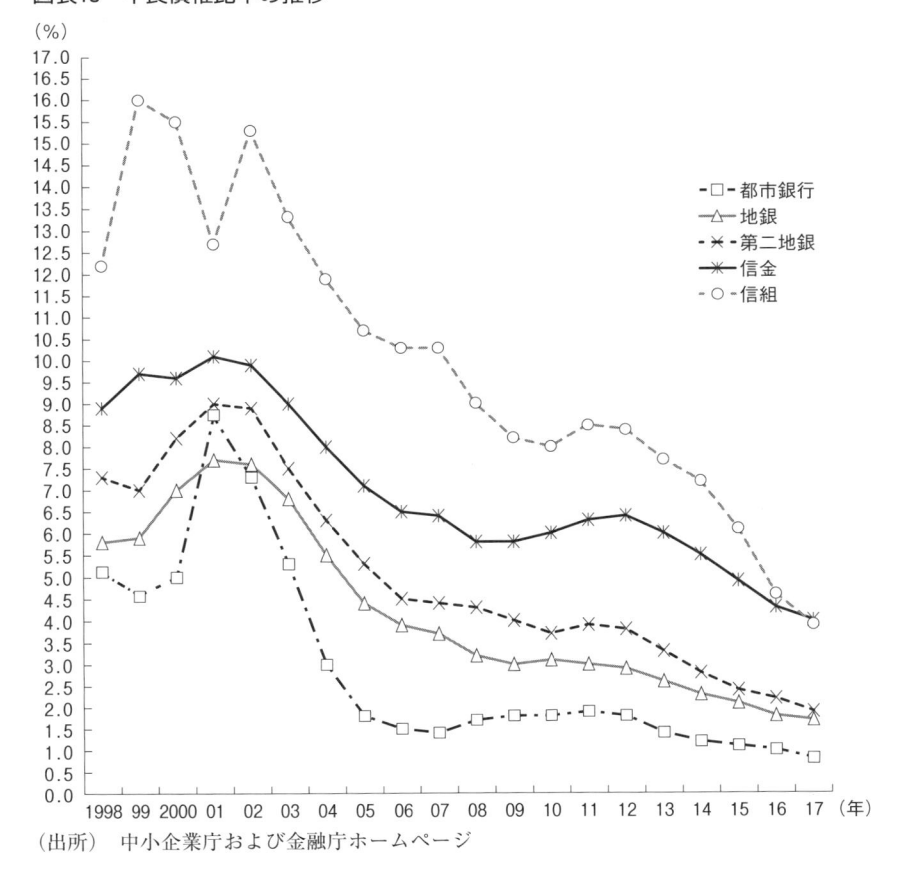

（出所）　中小企業庁および金融庁ホームページ

設立された。

　官民ファンドは、保証協会債権の譲受ができる等のさまざまなメリットがある反面、地域の支援協が策定した再生計画に基づき対象企業の再生支援がなされるため、案件対応において相応の時間を要する、また案件が選別されることもあり、十分に活用されず投資期間を終了するファンドもあった。一方であおぞら債権回収を含む一部のサービサー等が、個々の金融機関専用、特定の金融機関業態専用あるいは特定地域・特定業種専用のSPCを設立し、事業再生ファンドとして債権を譲り受け、事業コンサルティング会社など外部ネットワークを活用しつつ対象企業の事業を再生させる枠組みを完成させた。それらのサービサー等は「スピーディーな対応」「案件検討の柔軟さ」をアピールして、地域金融機関から多くの案件の相談を受けた。

　事業再生ファンドを運営するサービサー等は、金融機関を訪問する際には債権管理部門に加え、取引先の再生支援を担う部門とも接触した。サービサー等のなかには事業再生を企図して譲渡された債権を専門に扱う「事業再生ファンド案件専門チーム」を設置し、事業コンサルティング会社とのネットワークを活用しながらさまざまな提案を債務者に行うところもあった。

　譲受回収業務の対象の中心であった実質破綻先・破綻先の入札案件の数も拡大した。サービサー等は競争入札に勝つために、将来の返済キャッシュフローを過大評価したり、担保不動産からの回収キャッシュフローを将来の不動産価格の上昇を織り込んで評価したりして、譲渡希望価格を高く算出することがあった。しかし、後に、この当時の大きな過ちに気づくことになる。

　当時の日本の不動産市況は活況を呈しており、不動産ファンドが多数登場し、大手銀行は不動産ノンリコース・ローン（以下、「不動産NRL」という）により資金を供給した。外資系証券会社は不動産NRLを証券化して組成したCMBS（Commercial Mortgage Backed Securities：商業不動産担保証券）を、有価証券投資の一環として金融機関に勧奨し、その低金利で行き場を失った資金が、不動産マーケットやヘッジファンドに流れた。そのような過熱感の

最中、2007年米国でサブプライムローン問題が発生した。

　その影響は東証REIT指数の下落等、徐々に顕在化し始めた。大半のサービサー等は、日本への直接的影響はないと判断し、債権譲受方針を見直すことはなかったが、一部のサービサー等は、システミック・リスクを引き起こす事態に発展しかねないと判断、新規の債権譲受を徐々に手控えるとともに、譲受債権の債務者と交渉し担保不動産の任意売却を急速に進め、保有譲受債権を減少させた（図表14参照）。2008年に入っても債権譲受取引の過熱感は続いたが、2008年9月15日リーマン・ブラザーズの破綻により、世界的な規模の連鎖的な金融危機が到来し、一気に流れが変わった。

　日経平均株価はリーマン・ショック前の1万2,000円台から、10月下旬には一時6,000円台まで下落した。また、「ミドルリスク・ミドルリターン」の運用商品としてスタートしたJ-REITにおいても、2008年10月9日、ニューシティ・レジデンス投資法人が民事再生手続を申請し事実上破綻、東証REIT指数は2007年5月の2,600台から2008年11月20日には過去最低の683まで低下した。世界的な経済の冷え込みと急激な円高により、米国経済への依存度が高い輸出産業からダメージが拡大、日本経済の大幅な景気後退につな

図表14　サービサー回収額

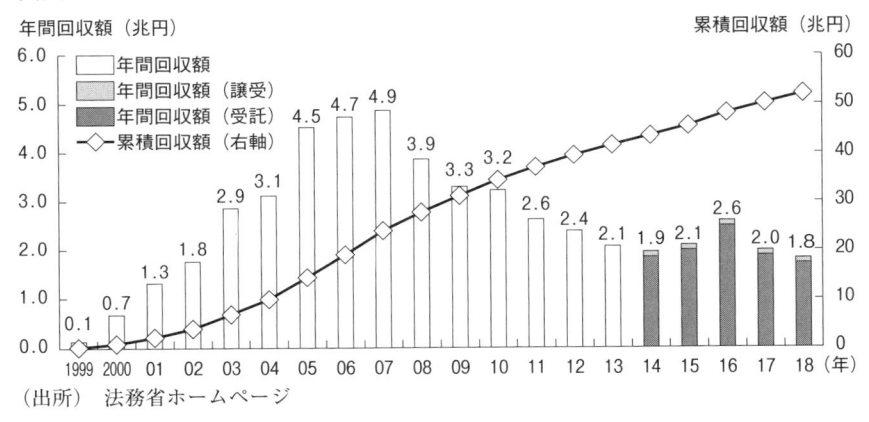

（出所）　法務省ホームページ

がった。こうした一連の出来事を受けて、不動産NRL、CMBSや不動産エクイティなどの不動産関連の投融資に注力していた大手銀行や一部の地方銀行は打撃を受け、不動産関連エクスポージャーを縮小させた。

⑷　後退期：2009年〜2013年

リーマン・ショックが起きた2008年9月以降、金融機関の債権譲渡による不良債権処理のスタンスは大きく変化した。大手銀行の不良債権処理はすでに一巡し、地域金融機関は依然として債権譲渡による不良債権処理を行う必要性があると思われたが、債権譲渡による不良債権処理の件数は大幅に縮小した。

金融機関の不動産関連エクスポージャーの縮小により、中堅以下の不動産投資法人やアセット・マネジメント会社、新興の不動産デベロッパーは資金繰りに窮し、「2008年は最高益、2009年に資金繰り破綻」といった事象も発生、結果として金融機関は再び不良債権問題に直面することになった。また金融機関は貸出金だけでなく、有価証券運用面でも大幅な損失を被った。その有価証券の代表格がCMBSである。裏付けとなる個々の不動産価値やストラクチャーを構成するプレーヤーが破綻した際にだれがストラクチャーを維持するのか等が把握されていないことも多く、やむをえず損切りする場合もあった。そのため、バブル期と同様に、不動産市況の急激な悪化の影響を受けた金融機関のリスク許容度は、大幅に縮減した。

この時期に、不良債権投資市場に影響を与えた事象としてあげられるのが「円滑化法」である。円滑化法施行以降、金融機関の管理・回収業務の態様は変化した。

円滑化法は、リーマン・ショックの余波を受けるなかで、資金繰りに苦しむ中小企業への貸渋り、貸剥がし対策として制定された。金融機関に対し、中小企業から債務の返済の猶予や軽減を求められた場合できる限り柔軟に対応する「努力義務」のほか、対応状況の開示や報告の義務が課されていた

（図表15参照）。また、中小企業に対する債務者区分判定の要件が緩和され、債務の返済が猶予されるなど返済条件が変更された場合、法施行以前はその融資は原則として「条件緩和債権」という不良債権の一種として扱われたが、法施行後は、経営改善計画を策定しているなど経営改善の可能性があれば、不良債権とは扱わないことになった。

　円滑化法により、資金繰りに苦しむ中小企業にとっては、金融機関に申込みをすれば債務の返済を猶予してもらうことが比較的容易となり、中小企業の資金繰り改善や雇用維持に効果があらわれた結果、企業倒産件数も大幅に減少した。

　一方で、円滑化法には、以下の側面も指摘された。

① 　金融機関に返済条件の緩和を申し込んだ中小企業のなかには、返済の猶予を得るばかりで、実際は必ずしも経営改善努力をしていないケースがあった（中小企業側のモラルハザード）。

② 　通常の市場メカニズムのもとにあっては経営体力に乏しく市場から退出すべき企業に対し、円滑化法の措置によって、企業の新陳代謝を阻害するケースがあった。

③ 　従来、金融機関においては、貸出先が策定した経営改善計画の内容や進捗状況を細かに分析・検証し、審査部門や貸出先とのさまざまな調整を経たうえで貸出条件の緩和の決定がなされたが、その分析・検証が十分に行われないケースがあった（金融機関側のモラルハザード）。

④ 　金融機関と借入人との間の「債権者」と「債務者」という本来の立場が希薄化した。金融機関においては「債権者」としての主張がしにくくなる一方で、借入人においては「債務者」として窮境を説明し申し入れれば金融機関が貸出条件の緩和に応じてくれるとの期待を抱くようになった。

　円滑化法は、2度の延長の末に2013年3月末をもって終了したが、円滑化法の趣旨は、金融検査マニュアルや監督指針などに取り込まれるかたちで残った。

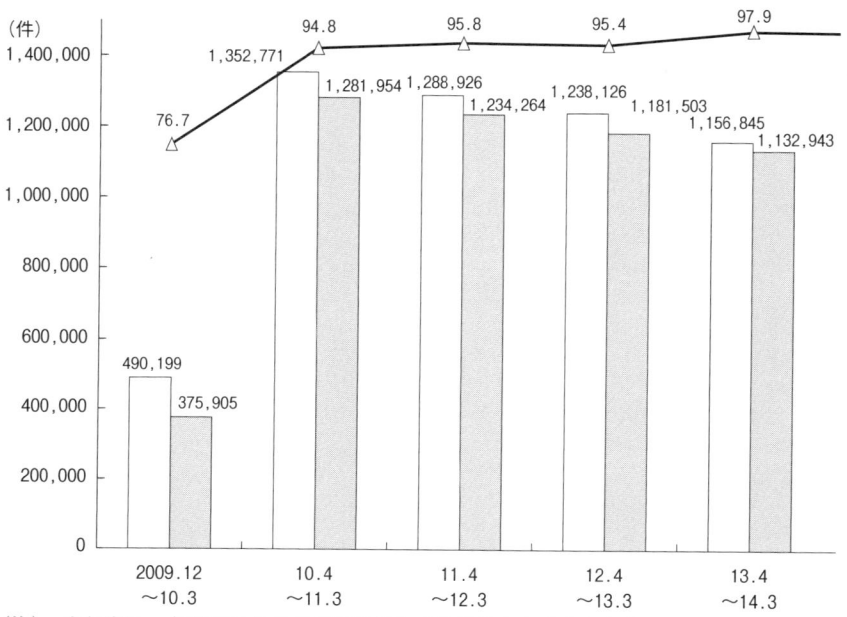

（注）　実行率は、各期間における実行件数と申込件数から算出したもの。
（出所）　金融庁ホームページ

　この円滑化法施行により、従来であれば事業再生ファンドやサービサー等
への債権譲渡の対象となるような債権が、開示対象債権を外れたかたちで金
融機関に残ることになった。

　サービサー等にとって、譲り受ける債権が少なくなることは深刻な問題で
あった。リーマン・ショック後の先行き不透明感が支配するなかで、従前と
同じように譲受回収業務を中心とした業務運営のままでよいのか、判断に悩
む局面でもあった。新規の債権譲受が減少する一方で、2006年から2008年の
間に取得した不動産担保付債権の回収が進まず投資資金が固定化、経営を圧
迫し、廃業に至ったサービサー等も出た。2007年信託銀行系列のサービサー
を買収し順調に業容を拡大、大手銀行や外資系投資家との共同投資も行って

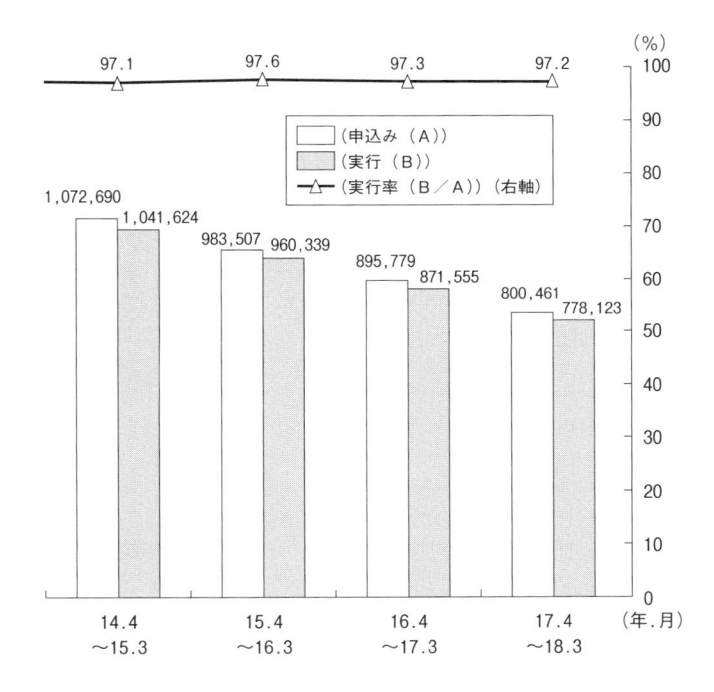

きたサービサーが2010年に特別清算、不動産担保付債権の譲受回収業務を得意としていたサービサーが2011年に破産に追い込まれた。2009年から2013年までの5年間で廃業等に至ったサービサーは17社（巻末資料1参照）にものぼった。

　以下参考までに、当時の不良債権投資家による投資案件の開拓状況を記す。最初に検討対象となったのは破綻金融機関が保有する債権であった。破綻金融機関が保有する債権は、譲渡対象債権数、譲渡対象債権額ともに大きく、FA（ファイナンシャル・アドバイザー）が譲渡候補先選定、債権DD資料作成、債権DDにかかわる質疑応答対応、債権譲渡スケジュール策定等、債権譲渡手続のいっさいを譲渡人にかわって行うケースが大半であった。ま

た、債権譲受金額も相当の金額になるため、相応の資金力とリスク許容度を有する投資家しか関与できなかった。

次の検討対象は、外資系投資家が保有する債権のセカンダリーでの購入であった。当時、外資系投資家が保有している債権を手放す態様は2つあった。1つは、不動産NRLを債権譲渡するケースである。外資系投資家は、リーマン・ショック前に不動産NRLを供与のうえCMBSを組成した。ところが、リーマン・ショックの影響により不動産市場が悪化、CMBSの格付も軒並み低下した。外資系投資家は日本の不動産関連エクスポージャーを減らす方針に転じ、CMBS業務から撤退するため、保有する不動産NRLの債権譲渡を行った。

もう1つは、日本国内の不良債権投資全体のポートフォリオ調整、または日本における不良債権投資業務からの撤退を目的とする債権譲渡である。不良債権投資における外資系投資家の期待リターンは、一般的に日系投資家よりも高く、一部の外資系投資家は、債権譲受価格上昇期のなかでも収益性の高い案件に限定して投資を行っていた。リーマン・ショック後、利益を獲得するため保有債権を手放す動きが加速したが、個々の債権や担保不動産の金額が大きく、関与できる投資家も限定された。

2009年から2013年までの5年間で、新たに設立されたサービサーには、もともと同業に従事していた職員が別のスポンサーのもとで立ち上げたケースもあったが、すでに3社が設立許可取得後5年以内に廃業となっている。

業務改善命令を受けたサービサーも増えた（2009年から2013年までの5年間で過去16社のうち10社を占める）。あるサービサーが手掛けた集金代行にかかわる業務がサービサー法に抵触、業務改善命令等の行政処分を受けるに至った。

現時点で振り返ると、2009年から2013年まではサービサー業界にとって最も厳しい5年間であった。

⑸ 再興期：2014年〜現在

　少しさかのぼって2011年５月、金融庁は円滑化法に基づく金融監督に関する指針「コンサルティング機能の発揮にあたり金融機関が果たすべき具体的な役割」を公表した。その「Ⅱ－２　最適なソリューションの提案」のなかで、「事業の持続可能性が見込まれない債務者」に対する金融機関が提案するソリューションとして、「税理士、弁護士、サービサー等との連携により債務者の債務整理を前提とした再起に向けた方策を検討」が明記された。サービサー各社は、金融機関に対し業況不振先の事業の持続可能性の見極めを促し、持続可能性がないと判断された債務者の債権を譲り受け、金融機関にかわってサービサーが債務整理およびこれによる再起の支援を行っていくとの提案を行った。「サービサーによる廃業支援」はこの時期からスタートしたといえる（図表16参照）。しかし当初は、サービサー各社の提案に耳を傾けた金融機関は多くはなかった。

　また、円滑化法施行期間中に金融機関からリスケを受けることができた中小企業数は推計で30万〜40万社といわれているが、これらの中小企業に対して、債務者の経営改善と、最適ソリューションを視野に入れた金融機関側の検討に必要な期間（おおむね３年程度）を与えるものが「暫定リスケ」である。具体的には、債務者である中小企業が経営改善計画を策定したうえで、支援協の金融調整機能を活用して経営改善期間中の金融支援（借入金返済条件の緩和）を取引金融機関に依頼するものである。

　債務者の暫定リスケ後の出口は、自力再生、債権放棄等の金融支援による再生、スポンサー等の支援による再生、廃業のいずれかである。一方、日本の中小企業を取り巻く経営環境は厳しさを増していることから、本来であれば極力早期に出口を選択することが理想的であった。

　また、中小企業再生支援全国本部による抜本的再生計画策定目標や「経営者保証に関するガイドライン」、認定支援機関制度による経営改善計画策定

図表16　休廃業・解散件数推移

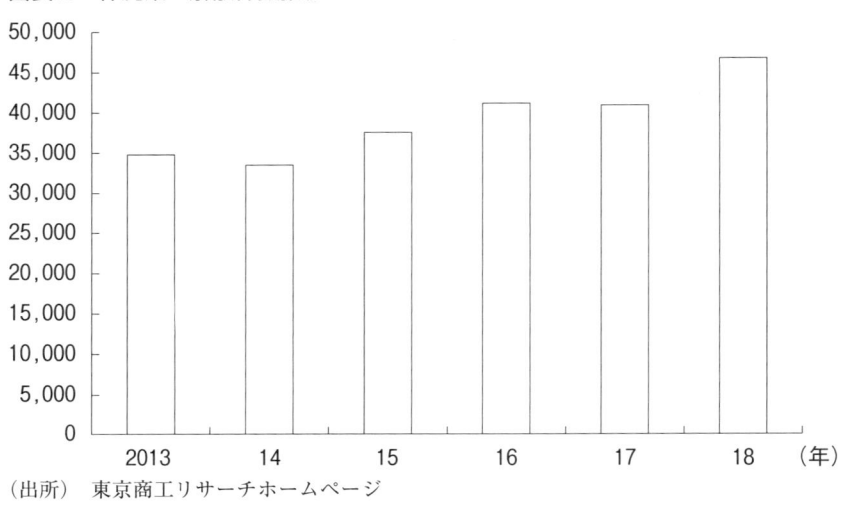

（出所）　東京商工リサーチホームページ

　支援事業など、出口選択に資する施策や対策が打ち出された。

　債務返済の重圧が緩和され、目先において倒産の不安がなくなったとはいっても、経営改善計画の進捗が必ずしも順調でない中小企業に対しては、金融機関は出口よりも現状維持を選択するケースが増えた。

　2015年4月に公表された「OECD対日審査報告書　2015年版」では、日本の対中小企業政策について、次のように指摘している。

　「中小企業は、相当な政府支援を受けている。（中略）第2に、寛容な政府保証が再編を遅らせ、生き残れない会社、いわゆる『ゾンビ』企業を温存する。（中略）第3に、政府の金融支援が、中小企業の業績を改善したという証拠はほとんど見られない。第4に、中小企業は大きくなることにより政府からの支援を失うため、大きくなる意欲をそがれている。（中略）政府支援は縮小されるべきであり、政府保証は限られた期間若い会社に焦点を当てて行われるべきだ。金融監督者は、金融機関が中小企業への定期的な与信審査を行うにあたって求められる基準を強めるべきであり、検査結果を公表し、

生き残れない企業の再編計画を準備すべきだ。中小企業への貸出条件緩和を銀行に迫るのを縮小すべきだ。さらには、市場に基盤を置いた中小企業金融を発展させるべきだ」

REVICも「公的受け皿」の1つである。企業再生支援機構の事業再生支援に地域経済の活性化に資する事業活動支援が加わって業務を開始したREVICは、2014年より再チャレンジ支援業務（特定支援）やファンド出資業務をスタートした。

円滑化法の出口戦略におけるキーワードとして、「廃業支援」とともに使われたのが「事業再生」であり、円滑化法失効前の2012年頃から官民双方で事業再生ファンド設立が増加した。いわゆる「第2次事業再生ファンド設立ブーム」と呼ばれる。第1次事業再生ファンド設立ブームと比べ、迅速かつ負担の少ない手続を評価し、事業再生分野で高い実績のあるサービサー等と手を組むことを選択するケースが増えた。機能としても、本来の役割である、債権を譲り受けて債権者の立場で対象企業の再生を目指す業務以外に、一時的に資金面で危機に瀕している中小企業に社債を発行させて保有したり、ファイナンスを行ったりする機能を備えるケースもあった。

金融機関において、もはや不良債権処理は重要な経営課題ではなくなりつつあった。また、2013年以降は金融庁の検査手法の見直しもあった。従来は個別取引先の資産査定が中心であったが、金融機関の自己査定結果を尊重し、取引先の財務面だけでなく、いかに事業の将来性を評価しているかを議論するようになった。金融機関、特に地域金融機関は、融資残高拡大およびシンジケート・ローンアレンジ業務、ビジネス・マッチング業務等による手数料収入拡大を重視し、長引く低金利で預貸利鞘が縮小するなかで融資量拡大による金利収入獲得を最優先課題に置いた。かつてはエリアや業態のなかでの競争に限られていたが、新規融資獲得のため、垣根を越えた金利競争が起こるようになった。

このような環境のなか、2014年9月、金融庁は「金融モニタリング基本方

針」のなかで「事業性評価」という指針を示した。事業性評価は、「金融機関が、現時点での財務データや、担保・保証にとらわれず、企業訪問や経営相談等を通じて情報を収集し、事業の内容や成長可能性などを適切に評価すること」とされる（金融庁「円滑な資金供給の促進に向けて」）。

　金融機関にとって2016年2月のマイナス金利政策の導入は、預貸利鞘縮小、高クーポン債償還で保有有価証券からの利息収入減少等により収益が厳しさを増しているなか、さらに厳しい運営を求められるものであった。日本国債に向かっていた金融機関の余剰資金は、一方では米国国債ラダーファンド、他方では不動産業向け貸出、特にアパート・マンションローンに向かった。当時、米国国債ラダーファンドは「信用力の高い外国国債で組成した比較的高利回りの運用商品」として人気を博したが、米大統領選挙がその流れを一変させた。トランプ氏の勝利を受けて、米国の金融市場では財政拡張による景気回復期待から債券安が進み、一部の金融機関は多額の有価証券含み損を抱えた。

　この頃のサービサー業界には、暫定リスケ債権の増加の余波として債権譲渡件数の低下はあったものの、若干フォローの風が吹きつつあった。暫定リスケ期間の終了に伴い、一部の金融機関が債権譲渡による暫定リスケ債権の処理を進め始めたのである。金融機関では、暫定リスケ期間中に業績の改善がみられない中小企業に対し転廃業等を促し貸出金の回収を図りたいが、中小企業の経営者の事業継続意欲は高い場合に、両者の認識ギャップを埋める方策を模索していた。一部のサービサー等は、事業再生ファンドに暫定リスケ先の債権を譲渡し、事業再生ファンドが再度中小企業の経営者に時間を与えて、事業再生のためのチャレンジを支援する仕組みを提案、それに応じる金融機関が出てきた。また、保険会社では、小口のローン業務から撤退するところも現れ、アパート・マンションローンや団体信用生命保険付住宅ローンを債権譲渡で一括してオフバランスする動きもみられた。2017年に社会問題化したサブリースによる賃料保証付きアパートローンの債権譲渡による処

理もこの頃から始まった。セカンダリー・マーケットにおいては、利益確定目的や不良債権投資業務からの撤退を目的とした債権譲渡案件が増加した。

2016年6月27日、金融庁は「抜本的な事業再生への課題について」という表題で、貸付条件の変更先の現状および金融機関による支援状況に関する調査、およびサービサーへ債権譲渡された企業のうち再生企業115社、清算企業68社へのアンケート調査の結果を公表した。これは、先に行われた企業ヒアリング751社、企業アンケート調査2,460社とは別に、サービサーが元債務者に対して協力を求めたアンケートの結果である。

なお、このサービサーのアンケートは、まずは債権譲渡を行った元取引先の金融機関に事前説明、了解を得た先に対しアンケートの協力依頼を行っている。アンケートの回答は企業から直接金融庁に届けられており、個別の企業がどのような回答を行ったのかは、サービサー側からはわからない。

以下が、金融庁から公表されている再生企業の生の声からの抜粋である。

・個人の連帯保証額が大き過ぎたが、サービサーとの話し合いで返済可能な範囲の保証で解決できた。
・メインバンクが譲渡したサービサーには親身になって相談に乗ってもらっている。
・サービサーとの交渉で、返済額は借入残高より少ない金額で合意できた。
・サービサーは現状の経営状況を適切に把握し、事業再建を前提とした回収の道を考えていただいており、感謝の言葉しかない。
・債権譲渡後、返済負担の軽減により事業継続が可能となり、時間の経過とともに事業環境が好転し、大幅に業績が改善した。
・債権譲渡により、将来の債権放棄を前提に業績の回復と事業再建の可能性が高まったと感じている。
・サービサーに譲渡され、業況や今後の見込み等定期的に打ち合せが行われ、業績アップに力を入れることができ、今日につながったと思えるので、感謝している。

・公的機関（日本政策金融公庫、信用保証協会等）の元本残高が重くのしかかっており、これらの債権がサービサー等へ譲渡できないものか。

2016年9月に金融庁が公表した「金融仲介機能のベンチマーク」（以下、「ベンチマーク」という）も、金融機関にサービサーの活用を促す内容であった。金融機関における金融仲介機能の発揮状況を客観的に評価できる指標であるベンチマークは、すべての金融機関が金融仲介の取組みの進捗状況や課題等を客観的に評価するために活用可能な「共通ベンチマーク」と、各金融機関が自身の事業戦略やビジネスモデル等をふまえて選択できる「選択ベンチマーク」とに区分されており、選択ベンチマークのなかに「20. ファンド（創業・事業再生・地域活性化等）の活用件数」と「24. 事業再生支援先におけるDES・DDS・債権放棄を行った先数、及び、実施金額（債権放棄額にはサービサー等への債権譲渡における損失額を含む）」が盛り込まれていた。サービサー各社は、金融機関に対しサービサーを活用した取引先の事業再生の提案を活発化させた。

「中小・地域金融機関向けの総合的な監督指針」II－5－2－1「顧客企業に対するコンサルティング機能の発揮」においても、顧客企業のライフステージ等に応じて提案するソリューション（例）として、以下の記述がなされている。

「事業再生や業種転換が必要な顧客企業→事業再生ファンドの組成・活用」

「事業の持続可能性が見込まれない顧客企業→慎重かつ十分な検討と顧客企業の納得性を高めるための十分な説明を行った上で、税理士、弁護士、サービサー等との連携により顧客企業の債務整理を前提とした再起に向けた方策を検討」（傍点筆者）

このように、金融庁の政策のなかに、サービサーの活用という選択肢が明示されているのは、サービサーの社会的意義があらためて認識された、とみることもできよう。

マイナス金利政策導入後初の決算となった2017年3月期の金融機関の決算

は、厳しい内容となった。本業収益を示す実質業務純益は、大手銀行（メガバンク3行、りそな銀行、埼玉りそな銀行の5行計）で前期比△13.2％、地方銀行および第二地方銀行（地方銀行64行、第二地方銀行41行の合計値）は、それぞれ同△19.8％、同△16.0％となった。とりわけ、地方銀行および第二地方銀行においては、前期と比べ貸出利鞘縮小、役務取引等利益の減少により、顧客向けサービス業務の利益は過半数の銀行でマイナスとなった。

　金融機関では、本来業況不振先に対し、リスクに見合った金利を求める必要があったが、その一方で、サービサー等が運営する事業再生ファンドに「地域のために中小企業が果たす役割を失わせない」という目的をもたせ、事業再生ファンドへの債権譲渡を行い、その後も対象企業とのコンタクトを継続、同時に事業再生ファンドを運営するサービサー等の対応状況を注視するような金融機関も存在した。

　そうした金融機関の根底にある発想は、「地域金融機関は地元経済の活性化を常に念頭に置かねばならず、窮境にあり自力再生が困難な中小企業に対して、後継者や第三者に事業を託す（事業承継やM＆A）か、円満な廃業を行うことの決断を促す必要がある。しかし、経営者の事業継続意思が強い場合は、過去の取引経緯もあり、金融機関がその決断を促すのはむずかしい。そこで、中小企業の事業再生の実績がある外部専門家等に当該中小企業の将来を委ね、経営者の事業継続意思を尊重しつつ、適切な方向に当該中小企業を導いてほしい」というニーズである。そうした金融機関は、債権譲渡後も事業再生ファンドとともに、対象企業のゆくえを注視している。

　2018年のシェアハウス問題は、その後社会的問題に発展し、融資資料改竄問題ともあわせ、不動産業者（特にサブリース業者）と一部の金融機関の信用を失墜させた。これらの問題に対し、金融庁は「投資用不動産向け融資」の一斉調査に着手した。10月に全国の金融機関に対してアンケート調査を実施し、問題が認められる金融機関には立入検査を実施する方針を示した。このアンケート以降、2015年の相続税法改正をきっかけに急増していたアパー

ト・マンションローンについて消極的なスタンスに転じたり、投資用ワンルームマンション向けローンを、債権譲渡によってローン・ポートフォリオから外したりする金融機関も出てきた。

　地方銀行および第二地方銀行の2018年3月期決算は、前期に比べさらに厳しい内容となった。役務取引等利益の増加によって本業利益の利益率（（貸出残高×預貸金利回り差＋役務取引等利益－営業経費）÷預金（平残））は下げ止まったが、過半数の54行で本業利益（貸出・手数料ビジネス）が赤字（うち52行が2期以上連続赤字）となり、連続で赤字を計上する銀行が増加し、本業赤字をカバーしていた有価証券の含み益も減少した、との発表が金融庁よりなされた（2018年9月26日 金融庁「変革期における金融サービスの向上にむけて」参照）。収益に余裕がない金融機関においては、償却済債権の引当戻入れによる利益確保のための債権譲渡が増加した。金融機関は、貸出と手数料収入を伸ばすために人的資源を集中する必要があり、問題債権の管理・回収ノウハウと人員不足を問題点としてあげる金融機関もあった。

　このような状況に危機感をもった金融機関は、2020年東京オリンピック・パラリンピック開催後に日本経済の調整局面が到来すると予測し、管理・回収部門を充実させる動きをとった。一般的に金融機関の管理・回収部門には専門職的な役割を果たしているベテラン職員が存在するが、そのベテラン職員のもとに中堅行員を配置し、ノウハウの伝承をさせる仕組みづくりを行ったり、バブル崩壊後やリーマン・ショック時に現場で管理・回収業務に従事していた金融機関OBを嘱託等のかたちで再雇用したりするなどして、管理・回収部門の強化を図った。

　サービサー等のうち、もはや不良債権投資市場への参加意義や参加メリットはないと判断し、離脱するところも出始めた。あるサービサー等は、金融機関では取組みがむずかしい物件を裏付けとする不動産NRLや実物不動産投資、さらには海外における事業投資に乗り出した。別の投資家は、中小企業の事業再生に対し「債権」ではなく「エクイティ」で関与することに軸足

を置き始めた。その他、事業再生案件および廃業支援案件への特化を打ち出したり、不良債権投資の対象とするエリアを限定したり、大手銀行の案件に軸足を移したりするサービサー等が出てきた。彼等の根底にあるものは、「持続可能なビジネスモデル」の模索であり、自らのコア・コンピタンスを再認識し、選択と集中を行う動きが出てきている。その結果2014年から2018年までの5年間で、サービサー15社が廃業または解散となった。

　このように、それぞれのサービサーが新たな方向性を見出そうとしているのが、今日の姿である。

第 4 章

事業再生の現場
―道は 1 つではない―

第4章では、サービサーまたはサービサーが運営する再生ファンドの実際の姿を読者にイメージしてもらうために、6つの事業再生の姿を物語形式で紹介する。

　どの物語も、サービサーや再生ファンドとの二人三脚により事業再生が成功した、あるいは再生に向けて準備中である姿を描いている。ただし1件だけ、うまく再生できなかった話を入れた。

　これは成功例と失敗例を対比することで、再生の成否を分けるものが、債権者としてのサービサーと債務者としての中小企業が信頼関係を構築できるか、そして債権譲渡を行った地域金融機関の協力をいかに得られるかにあることを、読者におわかりいただくためである。

　なお、いずれの物語も創作・フィクションであり、実在の団体・人物とはまったく関係がない。

資金繰りの危機から再生へ：
ある製造業の成功譚

「たしか、こっちでいいよな……」

あおぞら債権回収の亀田は、道端にレンタカーを止めて、運転席でカーナビを再確認しながらつぶやいた。東北地方のある都市から、すでに2時間ハンドルを握っている。季節は真夏の盛り。短い夏を惜しむかのようなセミの鳴き声が、空から降ってくる。

周りを山に囲まれた団地の一角に、コウノ工業株式会社の工場はあった。車を入れ、停める。敷地は広い。

亀田が工場の一角にある事務室に入り、いちばん近くに座っている男性に名前を名乗ると、黙って「社長室」と表示されている一室に通された。

女性が入ってきた。「私、総務と経理をやっています、甲野花子と申します」といって、ガラスのコップに入れた麦茶を、亀田の前のテーブルに置く。

「甲野さん、というと、社長の奥様ですか」と亀田が聞くと、「はい」。女性が笑いながら答える。亀田は少しほっとした。

ドアが開いて、作業服姿の中年男性が入ってきた。「どうも。甲野です」といって頭を下げる。渡された名刺をみると、「コウノ工業株式会社　代表取締役社長　甲野一郎」とある。社長だ。髭が伸びたその顔には、愛想笑い一つない。

サービサーにとって債権の管理回収を行ううえで、債務者との第1回目の面談というのは、きわめて重要だ。

債務者のなかには、サービサーと初めて会う緊張感からか、警戒心をもつ人が多い。時には録音や録画をしている人までいる。「どんな怖い人が来るんだろう。どんな厳しいことをいわれるんだろう」。疑念が先に浮かび、弁護士や税理士が同席する場合も少なくない。

サービサーのみならず、前職で銀行の支店長を務めた経験ももつ亀田は、社長の第一印象を見て、やる気のある人、ない人、うそをつく人、だれにでも愛想のよい人、さまざまな特徴を見抜く。

　ところが甲野社長の場合、そのどれでもなかった。表情が読み取れない。

　亀田は口を開いた。「社長。弊社は、債権を譲り受けた銀行さんから、御社をぜひ再生ファンドで再生させてほしい、と要請されています。お借入れが私どものほうに譲渡されたことをチャンスと考えていただき、再生に向けてチャレンジしませんか」と、熱を込めて話をした。

　しかし、社長の表情に変化がみられない。口から出た言葉が、「さて。どうしたものか」。

　後でわかったことだが、甲野社長は、過去にもサービサーに債権をもたれたことがあり、そのサービサーから随分厳しいことをいわれたそうだ。そうした経験のある甲野社長にとって、新たにやってきた亀田は「また敵が来た」、そうみえたとしても不思議はない。

　「まずは資金繰りと現在のご事業の状況を知りたいと思います。お電話でお願いをしました、資金繰りの実績と予定、それから試算表をいただけますでしょうか」

　亀田がそういうと、「ああ、そうだった。ちょっと待ってください」と甲野社長がいって、部屋を出ていく。

　1分もしないうちに戻ってくると、「資金繰り表はつくっていません。試算表も、先々月までしかありませんけど、それでいいですか。数字は全部家内に任せているので」といった。

　「なければ仕方ありません。でき次第、電子メールで送ってください。資金繰りはいかがですか。税金や社会保険料なんかは、納期限のとおり納めていらっしゃいますか」。亀田は感情を押し殺しながら聞いた。

　「資金繰りのことはよく頭に入っていません。固定資産税はしばらく払っていませんなあ。この前滞納金の明細が送られてきました。いくらだったか

……」と甲野社長はいった。

　亀田は黙った。これは再生どころではない。

　会社にとって最大の債権者が、アポイントをとり、東京から新幹線とレンタカーを乗り継ぎ、4時間かけて訪問してきたのに、依頼された資料も用意していない。数字も頭に入っていない。税金の滞納の全容もわからない。もうあきらめているのか……。

　亀田は、冷房もよく効かない社長室で、寒気を感じた。

　　　*　　*　　*

　もともと、ピーク時で20億円を超えていたコウノ工業の過大債務は、甲野社長の父である先代の創業者がつくったものである。

　コウノ工業は典型的な下請企業であったが、その技術力には定評があり、納入先からの受注は途切れることがなかった。しかしあまり利益が出ない。

　最終消費者向け家具としてコウノ工業の製品を売りたい。ブランド化したい。先代社長はその悲願のため、工場を新設した。下請製品の受注生産から、消費者最終製品の見込生産に切り替えるため、完成在庫を保管する物流センターも建設した。また、工場団地の入り口近くに土地を購入し、最終消費者にコウノ製品をみてもらうための、営業所も建設した。新聞や雑誌に広告を出してみたりもした。

　結果は、うまくいかなかった。

　時はバブルの頂点。その時に作成し、取引金融機関に提出した事業計画は、右肩上がりであった。しかし実際は、設備投資時点をピークに、景気は下降を始めた。

　広告は中止し、本社所在地であった元の工場は売却し、先代社長は辞任。息子である甲野一郎に後を託した。

　現職でもある甲野新社長は、物流センターや営業所も売却。そうしたリストラを継続し、売却代金を借入金の返済に充てたのだが、借入金はなかなか

減らない。

　もともと利益率が低いコウノ工業にとって、余分な借入れのための返済資金を捻出することは容易ではない。メインバンクに頼み込み、元本の約定返済金額を軽減してもらったうえで、辛うじて利息の支払は続けることはできた。ところが、元本がいつまでたっても減っていかず、かつ金額も大きいだけに、利息の支払負担が徐々に会社の体力を奪っていく。工場で使っている機械の修繕や更新も後回しになる。従業員に対しても、満足してもらえるだけの賞与が支払えない。ついには、本来支払わなければならない固定資産税などの税金や、雇用者である以上支払うことが必須であるはずの社会保険料の滞納まで始まった。若くして2代目となった甲野一郎社長の心労も並大抵ではなく、社長就任当初の気力を次第に失っていった。

　損益計算書の赤字が続いた結果、貸借対照表上も債務超過となり、金融機関の取引姿勢も厳しくなった。一部の金融機関は、その保有債権をあるサービサーに売却した。

　支援姿勢を続けていたメインバンクのY銀行も、債務者区分を破綻懸念先に変更した。いわゆる不良債権である。

　Y銀行自身も、不良債権の処理を促進する必要性に迫られていた。

　しかし、コウノ工業は融資残高15億円を超える大口取引先。しかも苦しい資金繰りのなかで、元利金弁済を継続しながら事業を続けているメイン先だ。債務超過になったからといって、バルクセールに出してよいものか。

　Y銀行は、悩んだ末、ある1つの可能性に思い当たった。あおぞら債権回収が設立したという、再生ファンドである。

　そのY銀行の担当者は、あおぞら債権回収の営業担当者から、こんな打診を受けていた。「あおぞら債権回収では、地域金融機関のための再生ファンドを運営しています。貴行のお取引先で、債務過多に苦しんでいるが、地域のために再生させてあげたいようなところがあれば、お引き受けします」

　Y銀行の担当者はさっそくあおぞら債権回収に連絡し、コウノ工業の再生

ファンド入りの可能性について検討してもらえないか、依頼を行った。

　ところが、あおぞら債権回収のデュー・ディリジェンスを経て、提示された債権譲渡価格は、予想を下回るものだった。

　コウノ工業の債務者区分は破綻懸念先であり、貸出残高から、信用保証協会の保証付きの金額等を表す非分類、および担保保全額を表すⅡ分類等を差し引いた金額は、Ⅲ分類と呼ばれる。このⅢ分類というのは、回収可能性は不透明であるが、まだロスと確定したわけではないため、Ⅲ分類全額が引当対象となるわけでない。債権譲渡価格は、Ⅱ分類額は超えていたが、Ⅱ分類額とⅢ分類額の未引当額の合計額を少し下回っていた。つまり、譲渡損が引当額を超えることになり、貸倒損失が発生し、その期のＹ銀行の決算に影響を与える。

　Ｙ銀行の担当者は債権譲渡について役員会議に付議した。

　「Ｐ／Ｌ（損益計算書のこと）でロスを出すのであれば、貸倒処理をして、毎月の弁済額を来期以降の償却済債権取立益としたほうが、得策ではないか」という意見もあった。

　しかし、これ以上銀行で取引を継続しても再生する可能性は低い。さらに、別の銀行との統合話が現実的な課題となっていることもあり、コウノ工業をいまのように面倒をみられなくなるのではないかといった意見が多数を占め、再生ファンドへの譲渡が機関決定された。

　債権譲渡にあたり、もう１つ課題があった。手形割引の取扱いである。

　コウノ工業の資金繰りは楽ではないうえ、得意先の注文のボリュームが、季節により大きく上下する。資金繰りがタイトな時期や、決算月前後、賞与支払などの際には、得意先から受領した受取手形をＹ銀行に持ち込み、手形割引、つまり手形決済日までの短期間の融資を受けるのが通常であった。

　あおぞら債権回収は、Ｙ銀行に依頼した。「債権譲渡後、新たに割引を受けてくれる金融機関を探すまでの当面の間で結構ですから、割引を続けてくれませんか」

幸い、コウノ工業の取引先は上場企業や規模も大きい先が多く、手形の期日における決済には懸念がなかった。そんなこともあり、Y銀行は、債権譲渡後もしばらく手形割引の取引枠を維持した。

　　　＊　　　＊　　　＊

　そのような経緯を経て、再生ファンドの対象先として迎えられたコウノ工業。その担当を任された亀田は、冒頭のように初回面談時の印象もよくなく、気が重かった。

　手形割引ができなくなったら、資金ショートの可能性がある。再生どころか破産するおそれもある。そうなったら、おそらく簿価、つまり再生ファンドの投資金額までの回収はまず無理だろう。

　まずは手形割引ができなくても資金繰りが回るような状態にすること。これを、亀田は当面の課題と考えた。では何をしたか。

①　貸出債権の金利を、大幅に引き下げる。

②　元本の返済も、当面の間猶予する。

③　これらを約束するために、債務承認弁済契約を締結する。

　急がば回れ。これもサービサーの仕事である。

　債権を譲渡したY銀行も、いつまでも手形割引をしてくれるわけではないので、新たな割引依頼先を探す必要がある。甲野社長は、現在取引のある金融機関にアポイントをとり、亀田は、甲野社長に同行し、一緒に金融機関回りを始めた。

　ところが、どこも手形割引を引き受けてくれない。

　仕方なく、まったく取引のない金融機関もあたったところ、少額ではあったが、何とか新規で手形割引枠を設けてくれるところが見つかった。

　元利金弁済の軽減、手形割引枠の新設——これらの措置により、資金繰りの懸念が少なくなり、滞納している公租公課も少しずつであるが減少に向かった。コウノ工業は、次第に変化を見せ始めた。

目先の資金繰りの不安が軽減された甲野社長は、徐々に元気を取り戻し、トップ営業に注力し始めた。得意先の近隣の支社のみならず、遠隔地の支社にも出掛け、コウノ工業の技術力と受注実績をアピールした。得意先だけではなく、まったく取引のない会社にも、飛び込みに近いかたちで営業訪問を行った。

　製造業の生産拠点は、必ずしも都市圏にあるとは限らない。電車の駅もない、バスを乗り継いでしか行けないようなところにもある。そこに甲野社長は出向き、納入実績や製品の写真をみせながら、コウノ工業の技術力をアピールした。不便な場所であっても、酷暑の夏でも雪が降る冬でも、電車とバスを乗り継いで出向き、いっさいタクシーを使わなかった。また、部下を引き連れず、どこに行くにも１人であった。それが甲野社長の自身への戒めであった。

　もともとコウノ工業には、短納期で、ユーザーの要望に応えるだけの製品をつくって納入する生産力があった。

　得意先の業界である多店舗展開の小売業や飲食業は、競合他社に知られないために、オープンの直前になるまでその出店情報は極秘である。しかも、店舗内フロアの形状はさまざまである。つまり、さまざまなフロアにあった什器備品をオーダーメイドに近いかたちで、しかも短納期で納入する必要がある。

　したがって大量生産・見込生産がむずかしく、小回りの利く下請企業に頼ってきた。コウノ工業はこのニーズにうまく応えてきた。

　甲野社長の頑張りに、社員も団結し始めた。社長が留守の間は、花子夫人が、家庭と両立しながら、社内に目くばりし、社員の労をねぎらった。以前は社長がいないと仕事を怠ける人がいたが、いまは社長が留守の間に、社長がとってきた注文をこなそうと汗を流した。会社に帰ると、社員が明るい声で社長を出迎えた。資金繰り不安の解消→事業の前向き展開→社員のやる気増進→業績改善……。好循環が続いた。

倒れかけたコウノ工業が、立ち直ろうとしていた。

　債権譲渡の際、12億円しかなかったコウノ工業の売上高が、翌期には14億円、その次の期は16億円と、増収を続けた。営業損益もマイナスからプラスに転じた。損益計算書だけみれば、何の問題もない、優良な中小企業であった。

　そうなると、税金の支払が増えてくる。

　「売上げが増えて利益が出ると、税金の支払も増えてしまって……」とこぼす甲野社長に、亀田はこういった。

　「社長、それは税金が支払える会社になったということです。税金の支払ができるということは、社会貢献のできる会社になったということです。もっと誇りをもってください」

　「たしかに」。甲野社長はそういって、じっと亀田の顔をみた。甲野社長はいま、この会社の立て直しに手応えを感じている。亀田はそう確信した。

　　　＊　　　＊　　　＊

　残るは貸借対照表。事業再生の最終局面である、過大債務の整理である。

　亀田は、甲野社長に、プランを説明した。まだ残っている固定資産税や社会保険の滞納をすべて解消する。他社の返済も全額完済する。そのうえで、新会社に事業譲渡を行い、債務圧縮する。

　「そんなことができるんですか」。甲野社長は驚いた。だが、その頃の甲野社長は、以前の、表情のない甲野社長ではない。社員からも、得意先からも頼られる、立派な中小企業のオーナーであった。

　「亀田さん、よろしくお願いします。わからないことは教えてください」。そういう甲野社長の表情には、決意がにじんでいた。

　亀田はまず、甲野社長に5カ年の収支計画をつくってもらった。計画などつくったことのない甲野社長にとっては、時間のかかる、骨の折れる仕事だった。苦手な表計算ソフトの作業は、妻の花子に手伝ってもらいながら、

何とか自力で数字を埋めた。

甲野社長から亀田に、電子メールで計画が送られてきた。

亀田は添付された電子ファイルの表計算シートを開いた。売上げが5カ年のうち当初3年が横ばい、4年目からまた売上げが落ちている。亀田はすぐに甲野社長に電話をかけ、そしていった。

「社長、これではだめです。もっと強気でいきましょう。それから社長が現在検討されている、材料仕入方法の工夫や歩留まり向上などによる原価率や経費率の改善と、その具体的施策なども、ぜひ計画に入れましょう」

過去、景気の波にさらされてきた甲野社長は、依然、将来の見通しについては慎重・悲観的だった。いつかまた、バブル崩壊のようなことが起きる。提出した計画を達成できず、金融機関の信頼を失う。そうした過去が頭をよぎる。もちろん、実現不可能な計画では、かえって金融機関他関係当事者の判断を誤らせることになるが、コウノ工業の営業基盤と技術力があれば、現在の業績を中長期的に維持できるはず。亀田はそう信じていた。

甲野社長から、修正後の計画が送られてきた。今度は大丈夫そうだ。

亀田は、部下の小林に、スキームも含めた計画全体の素案を作成させた。

小林は、会社分割スキームにより、新会社に事業用資産と金融負債の一部を移し、リファイナンスを受けることで、再生ファンドからイグジットする計画案を策定した。リファイナンス額は5億円あれば、既存行への全額返済と、滞納している公租公課の完済、それから再生ファンドの投資額回収が可能である、と試算した。

亀田は、小林とともにコウノ工業を訪問、計画を説明した。「社長、弊社が作成したのは、あくまでも貴社のための下書きです。経営改善計画は、あくまで社長自身のものであることをご理解ください。リファイナンスを依頼する銀行への計画の説明も、社長が自ら行わなければなりません」

甲野社長と亀田、それに小林は、まずコウノ工業と預金取引のある、地元A銀行の支店を訪問した。計画の説明を行い、新規融資を依頼した。

ところが支店からは、いつまでたっても返答がない。今度は、本部である審査部に行くことになった。メンバーは、甲野社長、亀田、小林の３人。

　甲野社長から一通りの説明を行った後、Ａ銀行審査部経営支援室の室長は甲野社長に尋ねた。「御社は、どうやって業界最大手のあの上場企業さんと取引ができたんですか」。Ａ銀行室長のいうその上場企業は、コウノ工業の現在の最大得意先であった。

　「飛び込みです」。甲野社長は答えた。「最初に訪問したとき、受付で２時間も待たされた。受付に名刺を置いて帰ってきました」。甲野社長は一口お茶を飲む。「その後１カ月置きにアポなし訪問。そのたびに名刺を置いて帰りました。４回目だったかな。ようやく担当者が出てきた。そこでうちの製品の話をしたんです」

　それから、甲野社長は、受注に応えることがいかにむずかしいか、製品製造がいかに熟練の要る仕事か、熱を込めて説明した。経営支援室長の姿勢が、徐々に前のめりに傾いてきた。「この社長は気骨がある」

　その次の日から、Ａ銀行による事業性評価が始まった。まず工場を訪問。作業の見学、機械の稼働状況から工場の敷地測量まで、その調査対象は隅々にまで行きわたった。質問も多岐にわたった。あおぞら債権回収からも、事業性評価のための追加資料を提出し、評価の協力を行った。

　　　*　　　*　　　*

　Ａ銀行を訪問してから約３カ月後、亀田は、甲野社長からの電話を受けた。

　「Ａ銀行さんから連絡がありました。検討を進めるにあたり、外部業者のデューデリを入れたいとのことです。業者は、Ａ銀行さんの指定するコンサルティング会社です。私はどんなところなのかよく知りませんが、亀田さんご存じですか」

　甲野社長が社名を伝えたそのコンサルティング会社は、大手監査法人の系

列企業であった。亀田は戸惑った。

　事業再生を行ううえで、税務上の問題をクリアすることは重要である。税務が、再生スキームを規定する、といっても過言ではない。

　会社分割方式で第二会社を設立し、実質的に事業を承継する場合、債務の一部が実質的に免除されることとなり、免除益が発生するとそこに課税関係が発生する。第二会社に対し、第二次納税義務といって、分割会社に生じた滞納税金の納税を求めてくる可能性がある。そのため、税務上の繰越損失や、第二会社への資産移転の際に評価損を計上したりして、損失の額を確認する必要がある。このほか、会社分割の場合に不動産取得税の非課税要件を確認するのも、重要な税理士の仕事である。

　このように、事業再生の際にはさまざまな課税関係の確認が必要になる。そのコンサルティング会社なら間違いはないだろう。だが、いかんせん、大手である。報酬としていくらとられるのか。

　亀田と小林は、Ａ銀行で、そのコンサルティング会社から説明を受けた。再生計画作成費用の見積りは20百万円。

　亀田はＡ銀行の経営支援室長に聞いた。「御行の融資の決裁は下りていますか。もし下りなかったら、費用が宙に浮いてしまいます」

　「まだ下りていません。担当役員には説明はしています。ただ、Ａ銀行としては、融資金額は相談させてもらうかもしれません」

　亀田は聞いた。「御行は、コウノ工業さんのことをどう評価されていますか」

　経営支援室長は「前向きな評価はしています。とまでしかいえません。この場限りですが、これを参考までにおみせします」といって、10枚程度のＡ４の資料を手渡した。亀田がみると、「事業性評価シート」とタイトルが書いてある。めくってみると、そこには、設立経緯、会社の強み・弱み、生産能力、決算分析、将来性に至るまで、びっしりと調査・分析結果が書かれていた。Ａ銀行が、どの程度コウノ工業との取引について真剣に考えている

か、亀田はすぐに理解した。

　小林からＡ銀行に連絡し、作業を最小限に減らしてもらい、再生計画作成費用は15百万円に下がった。また、支払を分割にすることも、了承を得た。

　しかし15百万円であっても、コウノ工業にとっては大きな支出である。

　その頃、コウノ工業の資金繰りは、決して楽ではなかった。売上げが好調な分、材料の仕入れや臨時雇いの人件費がかさみ、いわゆる増加運転資金が必要な状態であった。再生ファンドとしても、何回か金利の弁済を繰り延べ、資金繰り支援を行っていた。

　そこへきて、15百万円の支出である。しかも計画策定に着手する段階では、Ａ銀行によるコウノ工業向け新規融資に関する行内決裁は下りていない。金額も未定の状態だ。

　もし計画を策定し、その結果リファイナンス可能金額が予想以上に小さく、再生ファンドが想定している回収金額に満たない場合、この再生プロジェクトは物別れに終わる。また審査の結果、Ａ銀行から融資が下りない可能性もある。そうなったら、このコウノ工業にとって貴重な15百万円は、無駄な出費になる。

　亀田は、「甲野社長に決めてもらうしかない」と思った。

　Ａ銀行の指定するコンサルティング会社に計画策定を依頼するかどうか相談するため、亀田と小林は、甲野社長のもとを訪れた。

　小林が説明した。「この費用は、甲野社長のところで負担していただく必要がある費用です。ただ負担したからといって、必ずＡ銀行が融資をするとは限りません。また、融資するといっても、あおぞら債権回収との間でリファイナンスの金額が合意できなければ、やはり同じ結果になります」

　亀田は聞いた。「社長、どうされますか。私たちからどうしてほしい、とはいえません」

　一呼吸置いた後、甲野社長は口を開いた。「いいですよ」

　「社長、大丈夫ですか」。亀田は思わずいった。

「この費用はうちでもちます。私にとって、コウノ工業にとって、いま再生のために残されている道は、これしかないんですから。だめだったらだめで、しかたない。その時にどうするか考えましょう」。そういう甲野社長の目には、穏やかななかにも光るものがあった。

　亀田は、これがオーナーの覚悟だと思った。約5年前、甲野社長と初めて会った時のことを考えると、「甲野社長、立派になられたな……」そう感じずにはいられなかった。

　　　　＊　　　　＊　　　　＊

　その3カ月後、コウノ工業本社内で、コンサルティング会社の調査結果と計画の説明が行われた。

①　吸収分割方式での会社分割スキームで、甲野社長が100％出資する新会社に主要な資産と一部負債を承継する。

②　承継する負債は、会社分割の効力発生日において、A銀行の融資により完済する。

③　再生ファンド以外の金融債権者の債権は、会社分割の効力発生日において、滞納している固定資産税、社会保険料もすべて返済する。

　そこには、当初あおぞら債権回収が予定していたリファイナンス金額が書かれていた。A銀行からも、この金額で融資の決裁が下りたことの説明がなされた。

　これで合意できる。亀田は、胸をなでおろした。

　コウノ工業の再生に、メドが立った瞬間であった。

（この物語はフィクションであって、実在の団体・人物とはまったく関係がありません）

足掛け10年、よみがえるビジネスホテル街：ホテル 2 軒の共同再生

その「ホテル」は、西日本のある地方都市の駅前、徒歩 5 分の距離にあった。

その地方都市に出張するサラリーマンは多く、これを当て込んだビジネスホテルがいくつも立ち並んでいた。

しかし、出張経費の節減が当たり前となってきた平成10年代以降は、ビジネスホテル需要は盛り上がらなかった。

地元の需要はどうか。県庁所在地でもあるその地方都市は、会合・宴会・パーティーなどは、一定数の需要がある。ただ、景気低迷の影響から、そうした需要も減少傾向が続いていた。

乙山ホテルは、そんな地域のビジネスホテルだった。単価もそこそこ、グレードもそこそこ、設備もそこそこ。特長らしい特長は何もなかった。眺望がよいわけでもない。めずらしい料理があるわけでもない。「売り」は何もなかった。

＊　　　＊　　　＊

あおぞら債権回収・亀田のところに引き継がれてきた、この乙山ホテルの収支状況と、ホテルの写真をみた時、亀田はこう思った。

「ホテルをやめて、商業ビルに建て替えたほうがよい」

ホテルの立地はよく、駅から伸びる目抜き通り沿いに立っていたからだ。

また、建物は築30年以上経過しており、目抜き通りに面したいちばん目立つ壁のタイルが剥がれ、お世辞にも見栄えはよいとはいえなかった。

あおぞら債権回収の再生ファンドに債権譲渡を行った地方銀行は、この乙山ホテルから徒歩 1 分の距離に支店を構えていた。取引先の事業再生に熱心でもあるその地方銀行は、乙山ホテルに対しいずれかの段階でリファイナン

スを行い、取引復活することを考えていた。

　したがって、再生ファンドに譲渡した途端、ホテルが商業ビルに変わってしまったら、その地方銀行は何というだろう。亀田はそう思うと、勝手なこともできなかった。

　経営者は、前社長から最近引き継いだばかりの、30代後半の支配人。

　ホテルの営業面のことは熟知していたが、経営面はすべて前社長が取り仕切ってきたため、何から手をつければよいかわからなかった。よく亀田に電話をかけてきて、「エレベーターが故障しました」「大口の（団体客の）予約がキャンセルになりました」などと、細かな報告や相談を持ち掛けてきた。

　近隣の競合ビジネスホテルは安値競争を仕掛けてきており、売上げは年々減少傾向。このままではいよいよ廃業しか道がなくなる。

　亀田は、いまの乙山ホテルには、経営の指南役が必要と考えた。過去に付き合いのあったホテル専門のコンサルタント数社のうち、「おそらくこの支配人と相性があうだろう」と思われた１社に相談を持ち掛け、月１回ホテルに来てもらうことにした。

　まず行ったことは、支配人・コンサルタント・亀田の３者で、最初は２週間に１回、３カ月後からは毎月、顔を突き合わせて会議を行い、そこで稼働率など営業実態を把握し、問題点を洗い出すことだった。

　会議をしてみると、いままで施策らしい施策がとられず、すべて前社長の経験と勘に頼って営業し、営業状況の把握も不十分であったことが判明した。

　　＊　　　＊　　　＊

最初は、司令塔である支配人を指導することからであった。

　稼働率は毎日把握する。月次で業績をコンサルタントとあおぞら債権回収の２社に送付する。会議で問題点を指摘、次回までに改善策を提出させ、実際にやってみてもらう。トライ・アンド・エラー。その地道な繰り返しであ

る。

　次に着手したのは、インターネット予約。

　ネットエージェントには、集客力の高い会社もあった。しかし、あまりこれらのエージェントに頼っていると、手数料を差し引かれるため、なかなか利益水準があがらない。直接ネット予約に誘導するためホームページを工夫し、ホテルの魅力を訴求する。そこが不十分であった。

　ネットエージェントに割り当てる部屋数を減らし、自社ホームページでの売上げを増やす。そのためにまず、予約状況の管理を徹底する。空室がある場合は宿泊日当日まで細かく価格を調整し、稼働率を上げることができた。

　3番目に着手したのは、料飲部門。乙山ホテルは、宴会場を2つ、100名、70名の収容が可能なスペースをもっていた。ただしホテルとしての知名度が低かったため、地方都市で行われる主要な会合を獲得することができず、宴会場の稼働率が低かった。

　また、宿泊客が朝食会場として利用する食堂も、使用するのは朝だけで、日中は使用されず、遊ばせたままであった。そこで亀田は、コンサルタントと相談し、駅前大通りに面している好立地を生かし、食堂を宿泊客以外でも利用できるレストランとして使用することを考えた。

　しかしそのためには改修費用が必要となる。そこで、亀田は元利金の弁済を一定期間停止して資金をプールし、工事代金に充てさせることにした。

　大通りに面した壁をガラス張りにし、明るく入りやすい雰囲気をつくった。同時に若手の料理長を採用し、若者が好むようなメニューを導入し、その時々で流行するようなスイーツ、デザートなどの種類も増やした。

　また宴会場稼働率改善のため、季節にあわせた宴会プランを考案した。近隣の魚市場から旬の新鮮な魚介類を仕入れ、メニューに特長を出した。写真も工夫し、チラシを作成した。そのチラシを、支配人自らが駅前で配布。また、市役所や都市にオフィスを構える企業に飛び込み訪問し、チラシを配った。

数カ月すると、営業活動の効果が表れてきた。それまでほとんど宣伝活動をしてこなかったため、地元でも、乙山ホテルに宴会場があることを知らない人たちが多かったが、認知度が高まるにつれ宴会場の予約が徐々に入りだし、稼働率が改善した。

　4番目に着手したのが、メインの宿泊部門である。

　まず宿泊プランを見直し、近隣の観光地の割引券とセットとなったプランを考案した。そのプランを利用することで、金曜に日帰り出張をするビジネス客が自費で1泊し、土曜に観光してから帰る。また月曜に日帰り出張をするビジネス客が、前日の日曜に観光するため、自費で1泊する。

　都市圏から1泊で来られる距離にあることで、そうした「プチ旅行」を手軽に楽しめることを発見した客により、土日の稼働率が向上した。土日は、平日より料金が高く設定できるため、客単価も上昇した。また、レストラン強化の効果もあり、食事付きプランが売れ、連泊客の取込みもできるようになった。

　5番目に着手したのは、女性フロアと、禁煙フロアであった。

　ビジネスホテルは、圧倒的に男性客が多い。ただし市内の観光地では、春の桜のシーズンや、秋の紅葉のシーズンに、女性2人連れの観光客が来る。これらの需要を、乙山ホテルに取り込めないだろうか。また近時、女性のビジネスパーソン、出張客も増えている。

　これらの客層を取り込むため、女性専用のアメニティ、快適なバスルーム、イオンドライヤー、女性専用のナイトウェアなどを用意した、「女性フロア」を売りに出した。また、禁煙フロアも用意した。

　このフロア改善で、ビジネスホテル特有の「男臭い」「煙草臭い」といった印象ががらりと変わり、ホテル全体のイメージアップにつながった。

　ただ、このフロア改善も改修費用がかかり、再生ファンドはまた元利金弁済を一定期間だけ減額した。

　さまざまな施策の効果で、業績は回復基調にあったが、うまくいくことば

かりではなかった。

　8月のある酷暑の朝。亀田は、9時の始業間際に、乙山ホテルの支配人から電話を受けた。

　「亀田さん、空調が効かないんです」。支配人は焦っている。

　そんなことをいきなりいわれても、東京にいる亀田としては、どうしようもない。「早く修理業者を呼んでください。今日の宿泊客はどうしますか」と亀田は聞いた。

　支配人は、「これから予約しているすべてのお客さんにキャンセルの電話をします」と答えた。まじめなのが支配人の取り柄であった。でも、それだけでは人がよすぎる。

　亀田は、とっさにこう提案した。「8月だし、他のホテルが満杯でかわりの予約ができない人もいるでしょう。『料金を割引きしますから、泊まりませんか』とお客さんに電話する時に聞いてみたらどうですか。売上げをゼロにするよりよいでしょう。扇風機を買っておいてもおつりが来ます。資金が足りなければまた弁済を止めますから」

　この提案は功を奏し、予約した客のうち、約半分が、空調の効かない部屋に、割引き価格で泊った。転んでもただでは起きない。そうしたことを教えることができるのも、経験豊富な亀田ならではであった。支配人も、徐々に商売熱心になってきた。

　冬は冬でトラブルがあった。ボイラーが突然故障した。給湯の温度が上がらない。

　緊急対策として、中古のマイクロバスをレンタカーで借り、近くの温浴施設に客を運んで、大浴場に入ってもらった。

　すると、宿泊客は案外喜んでくれた。

　支配人はこのボイラー事件をけがの功名として、あるアイデアを思いついた。ホテルと温浴施設の、タイアッププランである。ホテルの客は、ビジネスホテルの狭い風呂よりも、広い温浴施設に入れる。温浴施設の常連客は、

宿泊場所として、ホテルを利用できる。このような「近隣温浴施設利用券付宿泊プラン」を考案した。

また、そのために中古のマイクロバスを購入したが、このバスは団体客の宴会需要取り込みにも利用でき、一石二鳥の設備投資になった。

また、重油での給湯はコストが高く、給湯設備も老朽化している。これもまた、元利金弁済をストップし、ガス給湯設備を新たに備えることになった。

これらの施策の効果により、ホテルの設備、サービスレベルは向上し、稼働率は格段に改善してきた。改善しないのは、再生ファンド向けの元利金の弁済状況。設備投資を優先してきたため、なかなか返済が進まなかった。

本来このホテルは、譲渡元の地方銀行にリファイナンスのかたちで「お戻し」する予定であった。ただし、あくまで「予定」であり、なんらかの契約があるわけではない。地方銀行のその時の判断で、融資取引が再開できるほど業績が改善していなければ、リファイナンスできないこともある。

したがって、まず現状の業績改善を地方銀行に説明することから始め、あわせてリファイナンスがそろそろできないか、打診をした。

地方銀行から回答が来た。リファイナンスは可能。ただし融資金額はあおぞら債権回収が予定していた金額を下回るものであった。何しろ、本業改善のために元金弁済を犠牲にしてきたため、予定よりも返済が進んでいないことが原因であった。

「この案件は長期間勝負だな。これも再生ファンドならでは、だ」。亀田は覚悟した。

　　＊　　　＊　　　＊

亀田の担当先に、乙山ホテルのすぐ近くに立地する「丙川ホテル」という名の、別のホテルがあった。部屋数・規模は乙山ホテルの約2分の1。ホテルのグレードは、乙山ホテルと同程度だ。

丙川ホテルの経営者は、同県内の温泉地で、別の旅館を経営していた。その旅館も、あおぞら債権回収の再生ファンドが債権者になっていた。どちらかといえば、旅館のほうが主であり、駅前の丙川ホテルは支配人を務める息子に任せきりであった。息子のほうも、決して経営熱心とはいえず、正月三が日を休業してしまうほどであった。経営者は、副業であるホテル事業を、他社に売却することも検討していた。

　亀田は、丙川ホテルの処遇をどうするか、ずっと考えていた。ホテルを売却し、一部返済を受けたうえで本業である旅館の再生を支援するのが常道だろう。しかし、乙山ホテルと近くにあることは、偶然とはいえ、何かの縁を感じた。2つのホテルで、何か相乗効果を生み出せないものか。

　しかし、丙川ホテルの収支は乙山ホテル以上に厳しく、コンサルタントに来てもらってコンサルティング料を支払うのもむずかしい。また、乙山ホテルの一所懸命な支配人とは違い、丙川ホテルの支配人にはやる気が感じられず、せっかくコンサルタントが教えても、そのとおり実行に移さない可能性も高い。唯一のよい点としては、丙川ホテルのほうが、乙山ホテルよりも建物が新しいことであった。

　亀田は、乙山ホテルのコンサルタントと、丙川ホテルについて率直に意見交換を行った。そこで出た方針は次のようなものであった。

　まずコンサルティング会社が不動産保有会社を設立し、旅館から丙川ホテルのみを買い取る。また、コンサルティング会社は別に運営会社を設立し、乙山ホテルと丙川ホテルを2館一体で運営することで、相乗効果をねらう。ただし丙川ホテルの譲渡は、再生ファンドが抵当権者となったままで行う。譲渡代金はゼロ。

　亀田としては、建物の利用価値を高めるには、コンサルタントに任せたほうがよいだろう、という判断であった。が、第三者に売却すれば譲渡代金で弁済を受けられるのにもかかわらず、譲渡代金ゼロでコンサルタントに譲渡したことは、1つの「賭け」であった。

こうして2館体制がスタートした。2館あれば、満室時の予約客融通もできる。修繕時のクローズ時も、宿泊客を代替して泊めることができる。アメニティや食材など、仕入面でもスケールメリットが働く。より効率的なスタッフの雇用もできる。

　亀田とコンサルタントとのタッグで、乙山ホテルのみならず、丙川ホテルも再生できる。亀田はそう思っていた。あの地震が起きるまでは。

　　　＊　　　＊　　　＊

　乙山ホテルがある地域一帯を、地震が襲った。

　乙山ホテルでは、新館と旧館のつなぎ目が破損。壁にひびが入り、タイルが剥がれ落ちた。

　丙川ホテルでは、屋上にあった重油タンクが転倒。黒い重油が階段を伝って、最上階から地下までフロアが真っ黒になった。

　これでは休館とせざるをえない。元利金弁済もストップした。亀田は、これまで時間がかかっていた再生ファンドのイグジットが、さらに遠くなることを覚悟した。

　ところが地震が起きてから数日すると、予期せぬ事態が起きた。

　乙山ホテル、丙川ホテルとも、予約用の電話が鳴りやまない。「空いている部屋はありませんか。どんな部屋でもかまいません」。復興を支援する人や、関係団体の職員の人の宿泊場所が足りないらしい。比較的ダメージが少なく、使える部屋を長期間にわたって貸与した。

　こうなると、壁にひびの入った部屋も、早く使いたい。いつもは元利金の弁済をストップして資金を捻出していたが、今度は、すでに止まってしまっており、捻出しようがない。

　亀田は支配人と相談し、他の金融機関を頼ることにした。ホテルの切り回しで忙殺されている合間を縫って、ホテルの罹災証明を携え近隣の金融機関を回る支配人に同行し、融資の申込みを支援した。

なかなか受けてくれるところが出てこなかったが、1行だけ応じてくれる金融機関が見つかった。

　一時はどうなることかと思われた地震の影響から何とか脱し、2館体制の営業強化策が再スタートした。効率面だけでなく、営業面でも相乗効果を出せないものか。

　まず丙川ホテルの名称を、「乙山ホテル別館」に変更した。また、お互いのホームページでリンクを貼り、2館同時に予約状況を検索できるようにした。

　乙山ホテル別館のほうは、目抜き通りに面しておらず、人通りも少ないため日中のレストランの売上げがよくない。

　そこでテコ入れを図るため、レストランを改装し、メニューも乙山ホテルのように、時々の流行りのメニューを盛り込み、また料理人のアドバイスも受けた。宿泊客には、乙山ホテルのレストランと、どちらかのレストランを選択できるようにし、食事付きプランの魅力を強化した。

　このホテル名称の統合、ホームページのリンク化、レストランの設備投資等が、目にみえる効果を生み出した。廃業必至と思われた旧丙川ホテルも、乙山ホテル別館として生き返ってきた。

　　　＊　　　＊　　　＊

　乙山ホテルの債権を再生ファンドで引き継いでから、この時点ですでに8年。そろそろ再生ファンドから卒業してもらったほうがよいだろう。亀田は、一度頓挫したリファイナンス活動に、再び乗り出すことにした。

　リファイナンスを行う金融機関は、もちろん乙山ホテルの元メインの地方銀行。

　イグジットスキームは、以下のとおり。

① コンサルティング会社は、運営会社の株式を、乙山ホテルの支配人に譲渡する。

②　運営会社は、乙山ホテルと乙山ホテル別館の土地建物と債務の一部（A）を承継する。

③　コンサルティング会社の不動産保有子会社は、乙山ホテル別館向け貸出に対し担保提供している状態であるため、事業譲渡代金を弁済（B）することで、乙山ホテル別館の担保権を解除する。

④　運営会社は、地方銀行から融資（リファイナンス）を受け、②で乙山ホテルから承継した債務（A）と、上記③（B）とを合わせた金額につき、完済する。

　以上のスキームにより、乙山ホテルと乙山ホテル別館は、乙山ホテルの支配人が100％株式を保有する会社で運営、メイン行として地方銀行と取引再開することとなった。

　乙山ホテル別館の元経営者が経営する旅館は、その後公的機関の支援もあり、女将の息子に事業承継し、立派に再生が実現した。

　再生ファンドは、リファイナンス金額のうちAとBの割合を、Aを多めにし、会社に残すキャッシュを多くすることで、関係当事者の了承を取り付けた。結果として案件としては、少なくともBの案件は投資金額を取り返せず、AとBトータルでようやく黒字という結果となった。

　しかも、乙山ホテルの債権を再生ファンドで受けてから、ちょうど10年の年月が経っていた。投資家にとっての利回りとしては、おそらく不十分な水準であったであろう。

　それでも、地方都市の目抜き通りに立っているビジネスホテルが、近隣のホテルとともに立派に再生したこと、メイン行の地方銀行に対し正常債権としてお返しができたこと、支配人への事業承継が達成できたこと、旅館経営者の重荷も外すことできたこと、長年共同経営を行ったコンサルティング会社にも、その労に報いることができたこと、さまざまな意義のある案件であった。

　亀田はいまでもその地方都市に出張するたび、２つのホテルが営業してい

るところをのぞくのが習慣になっている。ただ、支配人には気づかれないように。

（この物語はフィクションであって、実在の団体・人物とはまったく関係がありません）

3 のたうつ巨象：ある名門旅館の事業承継と再生

その旅館を初めてみた、あおぞら債権回収・長沢の第一印象は、次のようなものであった。「これがほんとうに不良債権なのか」

関西の都市圏中心部から車で2時間ほどの距離にある温泉街。温泉街としてはさほど大きな規模ではないが、その旅館の知名度は高かった。この物語の舞台となる、「丁木旅館」である。

創業は昭和初期。現在の社長は創業者の孫。旅館は著名な作家、陶芸家、俳人などが定宿として利用し、作家の小説や随筆のなかにも登場していたことで、名が知られていた。

少し高台にあるその旅館は、規模はそれほど大きくはないが、純日本風で高級感と気品のある門構え。鬱蒼と茂る樹木に遮られ、旅館の建物は入り口からみえない。なかに入ると、古くはあるが風情のある、瓦葺の旅館の建物がみえる。古めかしい玄関から建物に入り、ロビーを右にみて、まっすぐ行った突き当たりの向こうに、広々とした中庭がみえる。そこには大きな池に石橋がかかり、剪定した松が何本も生えた日本庭園がある。庭園に出ると、その先に、市街地を一望のもとに見下ろすことができた。

囲碁や将棋の対局。テレビのロケーション撮影。そうしたことで有名な、1つのブランドになっていた。

しかし、業績は、高度成長期が終わって以降、長らく下降線をたどっていた。また3代目社長である丁木太郎氏は、旅館の経営よりも、自身あるいは旅館からの出資で立ち上げた新規事業のほうに関心をもっていた。旅館のほうは、特段の営業施策は行わなかった。

バブル崩壊以降、不振の旅館を買収し、経営からサービスまで一新したうえで再展開するような旅館チェーン大手が、その丁木旅館の近隣に進出、よりリーズナブルな価格と新たなサービスを提供した。リピーターとして丁木

旅館を利用していた顧客層も、次第に足が遠のいていった。

　取引するメイン行は、地元最大手の地銀である、Ｂ銀行。丁木旅館の売上げは頭打ち、利益水準も低下していき、正常先から要注意先、そして条件緩和債権へ。Ｂ銀行は丁木旅館の担当者に対し、経営改善計画の策定を勧めるが、乗り気でない。何を聞いても、何を提案しても、「社長がいませんのでお答えできません」「いつお戻りですか」「ちょっとわかりかねます」の繰り返しだった。

　社長もさすがに危機感を覚え、知り合いの紹介で、ある旅館専門のコンサルティング会社と契約した。そのコンサルティング会社がまず提言したのは、丁木旅館が所有していた、同県の市街地にある中価格帯のホテルである丁木ホテルの売却話だった。その売却先は、コンサルティング会社の傘下にある会社だという。丁木旅館同様、丁木ホテルにも、Ｂ銀行の抵当権が設定されている。

　それを知ったＢ銀行に緊張感が走った。旅館経営に関心を示していない社長は、丁木旅館本体も売り渡してしまうかもしれない。貸出金の保全・回収もさることながら、数少ない県内観光地に立地する、数少ない文化遺産ともいえる丁木旅館の存続は、地域の活性化のために不可欠である。Ｂ銀行は、そう考えていた。

　Ｂ銀行企業支援部の課長を務める戌原は、同行を担当する、あおぞら債権回収・長沢に相談を持ち掛けた。

　長沢は即座に答えた。「Ｂ地域再生ファンドを利用されますか。ご存じのとおり、このファンドは、貴行の肝いりで設立した、貴行のためのファンドです。このＢ地域再生ファンドこそ、貴行の課題解決のためにお役に立つことができます」

　「具体的にどのようにすればよいですか」と戌原は聞いた。

　「債権を再生ファンドに売却し、抜本的な債務整理を行い、しっかりした事業計画を添えたうえで、貴行の正常なお取引先としてお戻しします」と長

沢は答えた。

　翌日から、あおぞら債権回収のデュー・ディリジェンスが始まった。

　資料等を取り寄せて精査してみると、外観は立派にみえる旅館の建物は、予想以上に老朽化しているようであった。早期に修繕が必要にも思える。ただこの段階では、建物内部の調査レポートを取得していないので、詳しいことはわからない。また、土地の権利関係が複雑であり、一族と思われる個人が数十名以上で、旅館の敷地を共有していた（この土地の所有権の問題が、後の再生スキーム実行の最大の障害となる）。

　デュー・ディリジェンスが終了し、債権譲渡価格と再生シナリオの検討結果をまとめ、長沢は戌原に説明を行った。

　「スキームはよくわかりました。譲渡価格も、これなら行内を通せるでしょう。しかし、申し訳ありませんが事情が変わりました。太郎社長が辞任し、弟の二郎氏が社長に就任することになったのです。B銀行としては丁木旅館との取引をもうしばらく継続することにしました。とはいえ、再生のためには債務カットは避けられないですし、個人保証などの整理のためにも、再生ファンドにはお世話になるつもりです。まずは具体的には、県の中小企業再生支援協議会に持ち込んで、事業再生計画を策定してもらおうと思っています」というのが、戌原の回答だった。

　「わかりました。信用保証協会の保証付き債権があるので、いずれかの段階では支援協さんにご相談する必要がある、と思っていました。順番が変わっただけですから、まずは貴行のご方針で進めてください」と長沢は答えた。

　　　＊　　　＊　　　＊

　その3カ月後。長沢は、B県の支援協を訪ねた。B銀行から促され、丁木旅館のデュー・ディリジェンスの状況を直接ヒアリングするためである。相手は、丁木旅館の担当者であり、B銀行からの出向者でもある、サブマネー

ジャーの己田である。

「あの名門旅館のことですが、再生計画策定は進捗されていますか」と、長沢は切り出した。

己田は答えた。「デュー・ディリジェンスはほぼ終わりました。スキームとしては、第二会社方式での再生を考えています。おそらくあおぞら債権回収さんには、メイン行から、再生ファンドとしての債権の保有のお願いがあるでしょう。ただ、……」

「ただ？」長沢は聞いた。

「いくつかネックとなりそうな問題があります。それは支援協の立場からではお話しすることがむずかしい。Ｂ銀行から聞かれたほうがよいでしょう」と己田は言葉を濁した。

２週間後、再び長沢は、戌原を訪ねた。「支援協に話を聞いてきました。己田さんのいっていたネックとは何でしょう」

戌原は答えた。「はい。１つは、設備投資のために予想以上に大きな金額が必要であること。これは支援協のデュー・ディリジェンスの結果です。もう１つは、第二会社スキームをとることに関し、株主の了解を取りつけることができるかです」

設備投資の問題は重要だ。いくら債権カットをしたとしても、その後事業計画を達成するためには、設備を利用可能な状態に保ち、最低限の修繕を行い、前向きな事業展開のための更新投資も必要に応じ行っていくことが求められる。

「債権カットしてすぐニューマネーを融資することは、メイン行とはいえ、なかなか稟議を通しにくいことです。たとえば、御社の親銀行のあおぞら銀行で、設備資金の面倒をみていただくことはできないでしょうか」と戌原は切り出した。

長沢は、「銀行と相談してみます」と答えたが、正直自信がなかった。

戌原は続けていった。「唐突ですが、Ｂ地域再生ファンドやあおぞら銀行

グループで、株式投資はできませんか」

「このファンドでは実績がありません。が、あおぞら銀行グループ全体では、なんらかのかたちで株式を保有する機能はあります。県の官民ファンドでも、株式を保有した実績はあるようです。ご希望に沿うように、よい方策がないか、検討してみます」と、長沢が答えた。

また長沢は、「丁木旅館の、もう1つの問題として、株主の了解を取りつけられるか、とのことですが、何か心配ごとがあるのですか」と問いかけた。

「株主の意見がそろっていないのです」という、戌原の表情は曇っていた。

 ＊ ＊ ＊

丁木旅館の株主は、丁木太郎氏（3代目社長、現会長）、丁木二郎氏（4代目社長、太郎氏の弟）、丁木三郎氏（太郎氏の次弟）各30％、太郎氏らの叔父8％。株主はこのほかにもいたが、この3兄弟は、取締役も務めている。分散したのは、創業者の考えに基づいたものである。あえて1人に経営を集中させず、一族で協力し合うことを企図していた。

丁木旅館は事業再生計画の一環として、おそらく第二会社方式、つまり新会社に事業譲渡を行うことになる。これは定款上、「重要な営業の譲渡」および「重要な資産の譲渡」に該当するため、株主総会の特別決議、つまり3分の2以上に該当する67％の賛成が必要となる。

太郎氏はおそらく反対見込み。叔父は賛成見込み。三郎氏が賛成すれば合計70％となり、67％を超えるのだが、三郎氏は旗幟鮮明ではなく、賛成するかどうかわからない、という。

「そういえば、株式以上に、土地の所有者は分散していますね」と長沢は聞いた。

「そうなんです。そのため、二次対応の依頼開始にあたり、地権者には債務整理に対し協力する旨の念書はもらっておこうと思います。でも、まずは

株主67％をそろえないと前に進めない」と、戊原は答えた。

　「いずれにしても、丁木旅館は、いま当行が抱えている大口融資先に関する問題では最大の懸案です。何としてもやり遂げなければならない。しかし、当行だけで考えることはできない点が多いのです。以前から親しくしていただいているあおぞらさんには、ぜひいろいろと相談に乗っていただきたい。近いうちに、事業再生計画策定に従事されている庚野弁護士をご紹介します。庚野先生からも御社に連絡が行くと思います」

　熱のこもった戊原の言に、「わかりました」と、長沢は即座に答えた。

　弁護士の庚野は、事業再生にも長く携わっており、本件も、再生債務者側の代理人ながら、支援協関与で私的整理がうまく進むよう、間に立って、意見調整を行っていた。

　戊原から紹介を受けて以降、長沢は庚野と頻繁に連絡をとり、状況のアップデートと、再生スキーム実現に、何の機能をあおぞら銀行グループから持ってくればよいか、協議をしていた。

　しかし、当初３月末までにといっていた事業再生計画の策定が、いつまでたっても開始しない。４月になり、庚野から長沢に連絡があった。

　「株主の同意が、どうしてもそろいません。三郎氏が、二郎氏の経営では丁木旅館の経営はできない、といっています。どうも長男の太郎氏と連絡をとりあっているようです」

　「そうですか、もともと三郎さんは二郎さんに協力的でしたよね。二郎さんが社長になったのも、三郎さんが賛成したからだったのではなかったのですか」。長沢は驚いて庚野に聞いた。

　「ええ、そうだったんですが……。もはや三郎氏が何を考えているのかわかりません。今日も臨時株主総会だったのですが、結局決議が流れてしまいました」。庚野は困り果てていた。

　その頃、丁木旅館の業績も悪化し始めていた。こういう話が長引くと、自然と社内の空気にも影響するようだ。

「給排水設備や電気設備など、修理も早くしないと、いつ壊れるかわからない。近いうちにＢ銀行さんと、御社に伺うことにしています。御社がサービサーであることを、最大限に活用させていただけないかと思っています」

　　　＊　　　＊　　　＊

　２週間後、あおぞら債権回収本社に、Ｂ銀行・戊原、支援協・己田、庚野弁護士の３者が来訪。長沢が応対した。
　６月末までに株主67％の同意が得られない場合に備え、以下の２策を検討中であるとの説明を受けた。
①　Ｂ銀行からあおぞら債権回収が債権を譲り受け、連帯保証人である太郎氏に保証債務履行請求を行い、確定判決を得たうえで株式の引渡し請求を行う。
②　民事再生手続の同意再生の制度を用い、あらかじめ債権者の同意を取り付けておいたうえで、あおぞら債権回収が債権者として手続を申し立て、迅速に再生計画認可を受ける。
　長沢は驚いて聞いた。「本当にそこまでするのですか」
　庚野は、「いえ、あくまでも同意を得られなければ、の話です。こういう覚悟があることを説明しつつ交渉しないと、向こうも弁護士を立てているだけに、なかなか進まないからです。でも、いざという時には、法的整理の申立ての際に表に出ていただきやすい御社を頼らせてもらいます」
　サービサーにはいろいろな機能や役割があることを、長沢はあらためて認識した。
　Ｂ銀行は、まず方針につき頭取まで承認を得たうえで、文書で、上記の債権譲渡の方針を明示。期限を区切り、丁木旅館の各株主の同意と協力を求めた。
　Ｂ銀行による背水の陣での交渉が功を奏し、三郎氏は議案に賛成し、株主総会での特別決議が承認された。ただし、土地の所有者の分散問題はこの時

点では解決していなかった。これが後のクロージング直前に、問題点として浮上する。

　　　＊　　　＊　　　＊

　8月、B県支援協・己田、B銀行・戊原があおぞら債権回収を訪れた。あおぞら銀行からも、B銀行の営業担当者がオブザーバーとして同席した。

　以下の再生スキームについての説明がなされた。

①　丁木旅館の事業再生計画上の再生スキームとして、分割型新設分割による第二会社方式を採用する。

②　信用保証協会保証付きの金融債権に対しては、代位弁済を請求する。

③　②を含めた、金融債権の非保全部分については、一定の割合による債権放棄を依頼する。または、保全部分を含め、B地域再生ファンドへの譲渡のオプションを用意する。B銀行と、B銀行の保証履行請求により求償権を保有するB県信用保証協会は、再生ファンドへの譲渡を予定。会社分割効力発生日において、B銀行はリファイナンスを実行、保証協会は求償権消滅保証制度により、再度一定金額の債務保証を行う。

④　旧会社に残した個人保証付きの金融債権については、B地域再生ファンドにおいて整理を行う。

⑤　新会社の社長は、丁木二郎氏が就任する。

⑥　新会社の株式は、丁木二郎氏および投資家が保有する。

⑦　計画上必要となる設備投資資金は、既存行または新規行が融資する。

　そのうえで、あおぞら銀行またはB地域再生ファンドに対し、⑥の検討依頼がなされた。

　「株式ですが、B銀行さんは保有されないのですか」と長沢は聞いた。

　戊原が答えた。「経営陣のなかには、融資先の株式まで保有し、会社を支配してしまうことに消極的な人もいます。過去、いろいろ苦い経験もあったのでしょう。しかし、あおぞらさんにお願いしておきながら、自分ではもた

ない、というのは、たしかに筋が通らない。私が起点となって行内で検討します」

　長沢は、株式保有の方針を検討した。

①　あおぞら銀行で保有する。

②　あおぞら銀行が投資家となる株式投資ファンドで保有する。

③　あおぞら債権回収で保有する。

④　Ｂ地域再生ファンドで保有する（具体的には、匿名組合の営業者である、あおぞら地域再生が株主となる）。

　まず、①が可能であるか検討した。通常、「５％ルール」と呼ばれ、銀行は事業会社の株式を、持ち株比率５％を超えて保有することができない、というのが基本的な考え方である。５％以上保有する場合は、担保として徴している株式を処分のため一時的に保有する場合であり、その場合であっても６カ月以内に処分することが義務づけられている。

　長沢は、あらためて銀行法やサービサー法を確認した。①については、銀行法上の例外として、「事業再生会社」に対する保有という項目があった。事業再生会社（経営の向上に相当程度寄与すると認められる新たな事業活動を行う会社（銀行法16条の２第１項12号の２））であって、裁判所が関与する等の一定の要件（会社更生、民事再生、特定調停等）を満たす会社に該当すれば、例外が認められる。つまり、直接の保有が可能。

　②についても、やはり保有が可能。

　③については、株式を保有すること自体が、たとえば投資としての業務の一環であり、反復継続して行うのであれば、法務大臣から兼業の承認を得る必要がある。

　④については、子会社はサービサーではないので、③とは必ずしも同一の判断ではないが、慎重な検討が必要。

　ということであり、いずれの形態によっても保有は検討できうることがわかってきた。しかしながら、あおぞら銀行と相談したところ、ちょうど再生

案件に利用するための株式投資ファンドを設立することを検討中、ということであったので、②をメインプランとした。

　B銀行のほうでも、ベンチャー企業も含む、中小企業向け投資ファンドの設立が検討されており、そこで保有する方向性が決まった。

　これにより、丁木二郎氏49％、B銀行系ファンド35％、あおぞら銀行系株式投資ファンド16％という、持ち株比率が決定した。

　投資方針としては、以下のとおり。

　まずは再生計画後の3年間は、重点モニタリング期間とする。

　B銀行系ファンドと、あおぞら銀行系株式投資ファンドは、取締役こそ派遣はしないものの、定例の経営会議にオブザーバーとして参加する。その場において、計画の進捗の報告を受けるとともに、業務改善の意見具申を行う。

　当初3年間の計画進捗が順調であり、その時点で丁木二郎氏とあおぞら銀行系株式投資ファンドが合意すれば、同ファンドの持ち株を、二郎氏に譲り渡す。これにより、二郎氏は65％の株式を保有する。ただし、3分の2に達しないため、引き続き単独で株主総会特別決議の承認を得ることはできない。

　B銀行系ファンドは、その後も保有を継続、再生計画の約10年後をメドに、二郎氏または二郎氏が認める第三者に売却する。

　これにより、丁木旅館は名実ともに再生への道筋が開かれる。

　　＊　　　＊　　　＊

　後は、事業再生計画の詳細と承認である。

　次の懸案は、経営責任の明確化であった。対象は、太郎氏、二郎氏、三郎氏。

　二郎氏は、丁木旅館の経営が窮状に陥った後に社長に就任しており、新会社の筆頭株主兼社長となることに関し、大きな問題はないと考えられた。経

営責任としては、保有する旧会社の株式自体が無価値化する、ということで、一定の経営責任はとっているという説明も可能であった。

三郎氏も、実質的な経営への関与度は薄く、やはり旧会社の株式の無価値化、および退任予定であったものの、退職慰労金を放棄する、ということで、説明は可能なように思われた。

問題は、現在も会長職にある、先代社長・太郎氏の経営責任である。旧会社の株式の無価値化、退職慰労金の放棄以外に、担保提供している遊休不動産の換価による一部借入金弁済、というところが焦点となった。

支援協主導で不動産鑑定評価はすんでおり、任意売却等による換価・弁済の金額に関するメドはついていた。本来、第二会社方式での事業再生計画であれば、事業に不必要な資産は新会社に承継せず、事業譲渡より前の段階で売却し、担保権者に期限前弁済するのが基本である。

しかし太郎氏の遊休不動産の売却は、なかなか進捗しなかった。

これを理由に、計画策定の期限を遅らせるわけにはいかない。もし太郎氏の遊休不動産売却が会社分割までに整わない場合は、旧会社の債権を保有するB地域再生ファンドが、太郎氏との間で協議しながら処分を行うしかない。

しかしながら、本件は経営者保証に関するガイドラインを適用し、一体で事業再生計画を策定することになっていた。つまり、財産評定を行い、一定金額を超える部分の私財提供がなされていると判定されれば、連帯保証を解除したうえ、それ以上の責任追及は行わないこととなっていた。

債権譲渡価格は支援協評価額で決まる。その後、同評価額以上で売却できても、返済金額は同評価額が上限となるのに対し、同評価額以下でしか売却できなかった場合であっても、連帯保証解除後であり、それ以上の保証債務履行請求はできない。つまりダウンサイドのリスクだけとってほしいということである。

B地域再生ファンドは、やむをえずその役回りを引き受けた。

結果的に、太郎氏所有の遊休不動産の購入先が見つかり、会社分割までに評価額とほぼ同額で売却が成立し、事なきを得た。

　以上で、懸案はすべて片付き、計画合意・再生スキーム実行となるはずであった。計画合意は、当初あおぞら債権回収に相談があった時点から、２年を超えた１月初頭であった。この時期に行うことには関係者全員こだわりがあった。なぜならば、旅館にとって設備工事を始められる時期は、閑散期に限られているからである。

　ところが、最後の局面になって、新たな問題が発生した。

　　＊　　　＊　　　＊

　「計画実行は遅らせざるをえません」。そういうＢ銀行・戊原からの電話を受けた長沢は驚いた。「どうしてですか」

　「実は、敷地の担保提供者が根抵当権の譲渡契約書に捺印を拒んでいるのです」と戊原が答えた。

　債権譲渡は、担保の根抵当権は元本確定したうえで行うのが一般的である。しかしながら、いったん元本確定した根抵当権は被担保債権が特定されるため、リファイナンス等の際には、新たに根抵当権を設定する必要がある。そうすると、登録免許税が負担となる。したがって、再生案件で、将来リファイナンスの出口を想定する場合は、債権譲渡時に元本確定せず、根抵当権を譲渡する手続をとる。ただその場合には、債権者・債務者のみならず、物上保証人たる担保提供者の根抵当権譲渡契約書への署名捺印による承諾が要件となる。つまり、担保提供者が書面で合意をしない限り、根抵当権の譲渡はできない。

　「土地の担保提供者となっている経営者一族のうち、私的財産権を不当に侵害している、との理由で、捺印を拒んでいる人が何人かいます」と戊原がいった。

　長沢は弁護士の庚野に電話をかけた。「何か方策はないのですか」

「土地の所有権は絶対であり、一方的に取り上げることは困難です。言い分をよく聞いたうえで、交渉するしかありません。各金融機関とも、支援協の事業再生計画の策定のため、残高維持の条件変更を行っているのは、３月末までです。これを超えると、各金融機関とも延滞扱いとなり、どのように混乱するのかわかりません。何とか交渉をしてみます」と、庚野は説明した。

　庚野と地権者との交渉の末、出てきたのは、①新会社の経営への参加、②地代の値上げ、等の条件であった。交渉のうち、①はのめないが、②については一定範囲で譲歩せざるをえない、とのコンセンサスができつつあった。

　ところが、今度はＢ銀行がこの交渉に反対の意思を表明し、クロージングは４月以降に持ち越し必至となった。案件は完全に暗礁に乗り上げてしまった。

　　　＊　　　＊　　　＊

　対策協議の場がもたれた。集まったのは、丁木旅館・丁木二郎氏、Ｂ銀行・戊原氏、支援協・己田氏、そしてあおぞら債権回収・長沢。

　庚野弁護士が状況を説明する。

　次に、丁木旅館の丁木二郎氏が述べる。

　「たしかに地代の値上げは、ただでさえ苦しい資金繰りをさらに苦しくするものであり、できれば応諾したくない。でもやむをえません。また各地権者からは、二次対応開始時に、再生計画に協力する旨の念書はすでにとってあります。法律では、根抵当権の債務者が会社分割を行った場合、根抵当権は分割承継会社である『新』丁木旅館が分割後に負担する債務を担保する共用根抵当権になるはずです。したがって地代の値上げがむずかしければ、そのままの状態で会社分割する選択肢もあります」

　しかし戊原は意見を変えなかった。「今回は、あくまで御社、丁木一族内の問題です。一族で方向性をそろえようとしないから、こういうことになっ

たのです。よく協議し、一枚岩になったうえで、銀行に対し、債務整理を依頼するのが筋ではないですか。B銀行が御社のために、どれだけの金額の債権放棄をして、いろいろな負担をしているか、よく考えてください。

　いま妥協してしまったら、将来に禍根を残します。時間がかかってもいいから、一族間で納得いくまで話し合ってください。そして合意ができたら、一族の皆さんで、依頼に来てください。これがB銀行の、最終的な結論です」

　長沢は、ここまで戊原が強硬な意見を述べたことに驚いた。このまま睨み合っていたら、旅館の業績悪化に歯止めをかけるタイミングもなく、破綻するかもしれない。そうしたら、B銀行の負担はもっと増えてしまうかもしれない。それなのに、ここまで筋を通すのか。

　約10日後、長沢は支援協の己田から電話を受けた。「長沢さん、お待たせしました。反対していた地権者の同意がとれました。クロージングは今月の21日でお願いします」

　「予想外に結論が早く出ましたね。もうだめだとあきらめていましたが、戊原さんが正しかったですね」と長沢はいった。

　己田は笑いながら、いった。「実は彼、私とは銀行の同期なのです。融通が利かないようにみえたかもしれませんが、これがB銀行のやり方です。私もまだ銀行にいたら、同じ判断をしたでしょう。筋を通すから、取引先もいうことを聞いてくれるのです。大株主の3兄弟のほか、担保提供者となっている経営者一族まで、都合のつく方々が大人数でB銀行にお越しになったそうですよ。『これからも丁木旅館をよろしくお願いしたい』と」

　長沢は、ここに、B銀行の、地元の地域経済を背負って立つ金融機関としての気概と、地域企業との強い絆をみた思いがした。

（この物語はフィクションであって、実在の団体・人物とはまったく関係がありません）

リストラだけが再生じゃない：
立ち直った清算予定事業

仮に複数の事業を営んでいる企業があって、一方は赤字、もう一方は黒字であるとする。黒字の事業を生かし、赤字の事業は清算する。事業再生のセオリーである。

しかし、予定どおりにいかないこともある。数字では割り切れないこともある。

あおぞら債権回収の再生ファンドは、時により、状況により、進め方と出口を変えながら、債務者に寄り添い、よりよい時期に、よりよいイグジットを目指す。

今回の物語も、そんなことをしながら、予想外の展開をたどる。

＊　　＊　　＊

債務者は、ある地方の中堅運送業者「辛地運輸」。営業エリアの物流量が先細りとなり、業績悪化、債務返済が困難になった。

ただし、業績が比較的好調な事業も別に営んでいた。介護事業である。

新規事業として、3年前に、保有していた遊休地に老人向けデイサービス施設を建設。親戚筋の紹介で雇用した所長が事業に熱心な人物で、人望も厚く、スタッフの定着率も高かった。

利用者の評判もよく、未経験者が始めた介護事業にありがちな「無理な事業計画」「過大な設備投資」「素人経営」のどれも当てはまらず、順調に営業を続けていた。

C銀行からあおぞら債権回収の再生ファンドが債権を譲り受けた際、このような依頼を受けていた。「運送業はもうだめでしょう。介護事業を切り出して、新会社にしてもらえませんか。そうしたら、リファイナンスで取引を復活したいのです」

あおぞら債権回収としても、そのシナリオが最も適切であると考えた。

　担当となったサービシング部門・亀田も、それを念頭に置きながら、第1回目の債務者との面談に臨んだ。面談の相手は、辛地運輸・辛地社長と経営に関与している専務で社長夫人である。

　辛地運輸の事務所に着き、応接室に通された。部屋に入ってきたのは、50代の女性1人。

　「辛地はあいにく体調不良で、すみませんが本日は失礼をします」。そういいながら名刺を差し出す。「専務取締役　辛地秋子」とある。

　亀田は、心のなかでため息をついた。初回面談で、肝心の代表者が出てこない。こういうケースは往々にして、警戒しているか、債務返済に熱心でない場合が多い。表情には出さないようにして、亀田は尋ねた。「社長は大丈夫ですか」

　「ええ、実は辛地は体調が悪く、1週間のうち半分は自宅で療養しています。今日は私がお話をお伺いします」と辛地専務は答える。

　だが、社長が体調不良という話は初めて聞いた。債権譲渡のデュー・ディリジェンス段階で得られる情報は、債権の譲渡金融機関が提供する資料やQ&Aの範囲に限られ、直接債務者と接することは原則としてないため、実際に会ってみてはじめてわかることが多い。

　「そうでしたか。ところで、当社は再生ファンドを運営しています。辛地運輸さんも、この再生ファンドで再生を目指していただくことになります。御社の場合、ご本業の運送業はなかなか先行きも厳しいようですが、一方で介護施設の事業は好調と聞いています。C銀行さんからも、これからは運送業でなく、介護事業のほうに専念していただき、またお取引を復活したい、との伝言を承っています」と亀田は説明した。

　「そんな話は聞いていません」。辛地専務はきっぱりといった。「運送業は、辛地家の家業です。いまでこそトラックの稼働量が落ちていますが、この地域ではそれなりの物流網をもっている会社です。少し不調だからといっ

てすぐたたむわけにはいきません。介護事業も、もともとは受注の波の激しい、運送業の収支を埋めるために始めたものです」

辛地専務のいうことも一理あった。「わかりました。当面は両事業とも続けましょう。ただ資金繰りは重要です。御社は資金繰り表をつくっていないと聞いています。先に資金繰り表のフォーマットを電子メールで送ってあります。後でご担当の方に使い方をお教えしますから、ぜひつくってみてください。それから、運送業を続けるといっても、トラックのメンテナンスなどの費用はかかるでしょうから、何とかその費用をまかなえるよう、当社の返済額については配慮します」と亀田はいった。

社長の体調は心配だったが、夫人の専務はしっかりしている。そんな第一印象を亀田はもった。

亀田は辛地専務との面談の後、経理担当者を紹介された。経理担当者の机に行き、PCの前に座り、総勘定元帳から資金繰り表の表計算ソフトのフォーマットに転記する方法を、手作業で教えた。

亀田に限らず、あおぞら債権回収の担当者は銀行出身者が多い。こういうことは慣れており、不慣れな経理担当者がいれば、こうして膝詰めで資金繰り表のつくり方を教えることは珍しくない。

１カ月後、年間の資金繰り表ができた、との電話が、辛地専務からあった。前回会えなかった社長にも会わなければならない。再び、辛地運輸の事務所を訪問した。

「すみません、辛地は今日も体調不良です」。出てきたのは、やはり夫人の辛地専務だけだった。

資金繰り表をみると、売上げはほとんど介護事業のみである。

「運送業の受注見込みの明細はありますか」と亀田は聞いた。

「あるにはありますが、確定している受注は、１つもありません」と辛地専務は答える。

運送業だけに、受注がなければ、赤字である。このままでは介護事業も道

連れになってしまう。はやく介護事業の切り出しの決断を社長にしてもらわなければ。亀田は焦りを感じた。

「社長には、どうしたらお会いできますか。体調のよい日があったらご連絡いただけませんか。当日でも飛んで来ますから」と亀田は辛地専務に頼んだ。

それから3週間後。ようやく辛地社長との面談がかなった。気丈な夫人である専務に比べ、辛地社長はインテリ然、声も小さい。

「あおぞらさんやC銀行さんのいうことはわかります。でももう少し頑張らせてください。過去、受注したお客さんや大手運送会社にダイレクトメールを送ったり、新聞に折り込み広告を入れたり、営業には力を入れています」と社長はいった。

運送業の営業方法として、そんな方法で売上げが増えるのだろうか。だが、社長や専務が、運送業に対し、当初思っていた以上にこだわりと情熱をもっていることがわかった。

当初は、運送業を廃業し、法人格はそのままで、介護事業に業態転換することを考えていたが、どうやら廃業を決断させることはむずかしそうだ、と感じた。

そうすると、できることは、新会社を設立し介護事業を承継する、当初C銀行が想定していたスキームだ。ただし第二会社の場合、介護施設の土地建物を営業譲渡により新会社に承継するときの税務負担が気になる。ほかにも行政との調整が必要となる。

また、取引行はあおぞら債権回収の再生ファンドだけではない。他の金融機関もまだ取引を続けていた。もし第二会社に営業譲渡する際、旧会社に債務を残したりすると、詐害行為といわれるリスクもある。

まずは、できることから始めよう。亀田はそう思い、保有している資産のうち遊休地の売却により債務の圧縮を進めることを、社長・専務に進言し、同意を得た。

不動産会社を通じ、遊休地の買い手を探した。しかし、なかなか見つからない。使っていない車両やタイヤなどが敷地に残っており、その撤去費用も差し引くと、とても満足のいく価格では折り合えない。

　何とか方法はないものか。亀田が遊休地をみに行くと、その隣に太陽光発電の設備があった。亀田の目が光った。当時、太陽光発電事業は右肩上がり。業者は用地の拡張を考えているかもしれない。

　さっそく社長にそのことを進言しようと思い、電話をかけたが、相変わらず社長はオフィスにいない。仕方なく専務に電話に出てもらい、その話をすると、「わかりました。私が隣の業者さんに掛け合ってみます」との回答を得た。相変わらず、専務はきっぱりしている。

　結果は、亀田の目算どおりであった。予想を超える価格で売却話がまとまり、一部借入返済・一部は辛地運輸の手元資金として、その資金繰りを助けることができた。

　そうしているうちに、運送業にもよい風が吹いてきた。首都圏近郊の工事が増え、物流量が活発化した余波が、徐々に周辺地域に伝わってきた。

　辛地運輸にも、大口の受注の話が持ち込まれた。ただし、支払は6カ月手形。遊休地売却による余剰金はすでに底を突いており、手形割引による資金調達が必要になる。

　亀田は、C銀行を訪問し、手形割引による取引復活を依頼した。ところが、C銀行の担当者の答えは予想外だった。

　「亀田さん、申し訳ありませんが、当行は介護事業者としての取引復活を考えています。まだ運送業を続けていることを上席が聞いたら、とても稟議は通せないでしょう」

　たしかに一時的な受注であり、介護事業に専念したほうが財務内容としても資金繰りもよくなる。C銀行はそう信じているし、亀田もそう思っていた。

　とはいえ、事業を行うのは金融機関ではない。事業者、経営者自身だ。こ

こまで事業継続にこだわっている社長夫婦の信念は、並々ならぬものがあった。

　亀田は次第に、運送業を廃業ではなく、何とか継続させてあげられないかと考えるようになっていた。

　辛地社長に、取引のない金融機関を回ってもらい、「後はあおぞら債権回収から説明します」といってもらった。反応のよかった、県内のある信用金庫に亀田は訪問、運送業以外にも介護事業による安定収入があり、手形期日がくる前に資金繰りショートすることはないことを、資金繰り予定表を使って説明し、信用金庫の納得を得ることができた。資金繰り表をつくってもらっておいた成果が出た。

　そうしているうちに、新たな受注も継続して受けられるようになった。運送業を継続することができる前提でならば、介護事業の新会社への切り出しも他の債権者に応諾してもらえるかもしれない。いまを逃すと、もうチャンスはないのではないか。亀田はそう考え、辛地社長と辛地専務が同席しているタイミングを見計らい、再度、介護事業の切り出しを進言した。

　辛地社長は、「わかりました。運送業にも陽が差してきたし、介護事業だけのほうが銀行融資が受けられやすいことも、亀田さんの説明を聞いてわかりました。事業譲渡にあたっては、税理士や弁護士が必要になりますね。私の友人に弁護士がいますから相談してみます」と答えた。社長には珍しく、はっきりと、力強く答えた。

　数カ月間の計画策定、他金融機関への説明、折衝を経て、事業譲渡が成立。

　新会社の社長は、専務である辛地夫人。承継した金融債務のリファイナンスは、Ｃ銀行と信用金庫で受け持った。

　通常の第二会社スキームの場合、この時点で再生ファンドはイグジットとなる。ところが、辛地運輸の場合は、旧会社にも運送業と、事業をまかなうだけの資金、金融債務も一部、残していた。したがって、まだ再生は道半ば

である。

　運送業は景気に左右されがちな業種である。景気が悪くなれば、また受注のこない、冬の時代がくるかもしれない。

　そんなときに備えて、運送業の本社事務所を賃貸用店舗に建て替えるサイドプランも用意している。ただ、それもこれからの話であり、まずは運送業を続けたい、という辛地社長の熱意に賭け、やれるだけやってもらおう。

　そんなプランを亀田は、上司である下原に相談した。下原は、いった。「他のサービサーだったら、最初にそれ（不動産賃貸業への転換）をやらせるかもしれませんね。あるいは官民ファンドだったら、入り口でそれを約束させるでしょう。私たち、気が長いですよね。あるいは、人がよすぎるのかな」

　亀田は笑った。この案件も、あと何年かかるだろう。終わりのみえない再生支援は、あおぞら再生ファンドの得意とするところである。

（この物語はフィクションであって、実在の団体・人物とはまったく関係がありません）

5 企業の再生か、事業の再生か：
あるゴルフ場をめぐる葛藤

　中小企業の事業再生に携わっていると、常に葛藤することがある。

　いまやっていることは、いま存在する「企業」のために仕事をしているのか、それとも、その企業の運営する「事業」を再生するためなのか。

　その2つは同じことのようで、実はそうではない。事業は再生できるだけのポテンシャルを秘めている。でも、企業が向かおうとしている方向は、事業の継続を阻害しかねない、あるいは、他の債権者、業界や地域など、他のステークホルダーのためにならないという場合がある。

　サービサーは債権者の立場で、どこまでのイニシアティブをとるべきなのか。あるいはイニシアティブをとらないと、事業が落とし穴にはまってしまうのに、見て見ぬふりができるだろうか。あるいはすべきなのだろうか。

　中小企業の場合、所有と経営、債権債務関係が、経営者と会社とで、必ずしも分離していない場合が多く、経営者にとって、「会社＝自分」「会社のもの＝自分のもの」という意識が強くなる。私財も自宅も担保に供したうえ、個人保証までしているのが通常であり、ある意味で当然のことともいえる。

　　　＊　　　＊　　　＊

　関東地方のある都市の近郊に所在する、そのゴルフ場の創立時期は、第2次オイルショックの頃。老舗といってよいだろう。

　そのゴルフ場は、経済成長とともに事業を展開。隣地を買収、あるいは土地を借り、新たなコースを造成していった。ホール数は36。会員は1,000名程度と少ない。

　しかしながら、高度成長期が終わり、バブルも崩壊。ふくらんだゴルフ人口はピークを過ぎ、右肩下がりが始まった。

　会員以外に利用する層が少ない。もともと近隣にパブリックが多いことも

あり、競合はさらに激化した。クラブハウスは創立以来の建物で古く、競争力は乏しかった。「名門」「老舗」は、パブリック利用が主のゴルフファンにとっては、訴求力は少ない。それよりも、「利便性」「戦略性」「サービス」「料金」。このゴルフ場は、「利便性」以外はどれも競合に負けていた。

　加えて、社長は景気がよかった頃、子会社で新規事業に着手。このゴルフ場運営会社を通じて融資を受けた。ところが不首尾に終わり、多額の借金だけが残り、これが窮状に至る最大の要因となった。

　あおぞら債権回収にそのゴルフ場が紹介されたのは、メイン行・D銀行の取引先の再生を目的として、再生ファンドの活用を前提とした評価依頼があったためである。

　D銀行は、ゴルフ場に出向者も送っている。当初からD銀行は、このゴルフ場の再生には法的整理手続が不可避である、との考え方を固めていた。ただ、自身が債権者として、法的手続を経たうえで取引先を再生することの経験はほとんどなく、数少ない経験者もすでに定年退職してしまっていた。

　会員の預託金を含めたゴルフ場の債務整理のためには、法的整理手続を経たほうが、裁判所の管轄下において債権債務関係がいったん整理され、手続の客観性が増すうえ、スポンサーも手をあげやすい。とはいえ、取引先が破綻するタイミングで、メインでいることは風評上も避けたいのが一般的な金融機関の心理である。また債権譲渡による回収見込額のほうが、法的整理による回収見込額よりも高くなれば、極大回収につながる。また、法的整理手続を経た事業再生のケーススタディーにもなりうる、という考えもあったようだ。

　EBITDA（償却前営業利益）も年間2億円程度創出しており、当面事業継続は可能であった。とはいえ、金融債務は過大であり、ゴルフ場の会員からの預託金と合わせると、早晩債務整理の必要はあった。

　あおぞら債権回収は依頼を受け、債権評価部門が債権評価を行った。評価の前提となる再生シナリオとしては、3年間元利金弁済を継続し、3年後法

的整理とスポンサー選定手続を経て、別除権（法的整理手続に左右されずに実行できる権利のこと）となった担保権の受戻しを受ける。ゴルフ場の案件としては一般的な評価方法である。

　ところが、D銀行から、あおぞら債権回収の担当者に、「債権譲渡価格をもっと上げてもらえないでしょうか」との電話がかかってきた。事情を聞くと、過去、このゴルフ場をもっと高く買収しようとした投資家が存在していたとの情報があり、そのせいもあって対象債権の引当金額が不足しているという。

　「再生ファンドで債務者の再生を支援するとはいえ、債権譲渡時にロスを出すのはちょっと……。何とかならないでしょうか」とD銀行の担当者は懇願する。

　あおぞら債権回収は社内で再検討の結果、譲渡価格を引き上げた。ただ、気にかかっていた点があった。デュー・ディリジェンスにあたり、情報の入手が必ずしも完全ではなかったことである。特に、コースの敷地の所有権、つまり自社所有か借地か、筆ごとに完全に把握し切れていなかった（登記簿上、1個の土地を指す単位を筆（ふで）と呼ぶ）。

　ゴルフ場の敷地は広大であり、敷地をゴルフ場自ら100％所有していることは少ない。建設予定地の所有者から賃借することが多く、スポンサーへの譲渡や、法的整理手続を行う際は、その所有権の確認作業が必要となる。ところが対象地の筆数が数百筆となるケースも珍しくなく、その確認は膨大な作業となる。今回、筆数の確認も、自己所有と借地との割合の把握も、デュー・ディリジェンス時点で終了していなかった。

　D銀行との間で債権譲渡価格の合意がなされ、また、D銀行から債務者に債権譲渡の説明も行い、承諾もすんなりと得られたとの連絡が、あおぞら債権回収に入った。

　ゴルフ場の担当者は、サービシング部門の松浦。

　松浦は、第1回目の債務者との面談に臨んだ。再生ファンドの常として、

そのシナリオを説明する。当然、将来の法的整理手続の可能性についても、言及せざるをえない。

　すると、社長は意外にもあっさりとこう答えた。「わかっています。私も、民事再生を申し立てることを考えています」。そういって、「再生計画（案）」と書かれたＡ４数枚の紙を、松浦に手渡した。

　松浦は読んで、驚いた。別除権金額が、想定していた金額よりもかなり小さい「４億円」と書いてある。

　社長は続けていう。「Ｄ銀行さんからは、民事再生手続を経ないと、その先はない、といわれていました。もともとは、借入返済金額の減額をお願いしたのですが、それだけではうまくいかない、と諭されました。貴社にも、申し立てる前に、事前合意をしていただきたいと思っています」

　松浦は、「ちょっと待ってください。Ｄ銀行さんと弊社とは、そうした申合せの事実はありません。まだ業績は安定してらっしゃるし、御社にとって、どのような再生の道筋がよいのか、これから一緒に考えていきませんか」と冷静に返し、その日の面談は終了した。

　　　＊　　　＊　　　＊

　松浦は、Ｄ銀行の担当者に電話をかけ、債務者との面談での話を報告した。

　Ｄ銀行の担当者は、「いろいろご迷惑をおかけし、申し訳ありません。たしかに、会員権の預託金債務もあるし、私的整理ではうまくいかないだろう、とは話をしましたが……」と答えた。

　松浦は、債務者との信頼関係構築を急ぐことの必要性を感じた。

　社長と面談し、「まずは御社との共通の目標をつくりましょう。事業計画をつくるのが先決です。返済金額も取引金融機関の間で不平等がないように、バンクミーティングを開催するのもよいと思います」と持ち掛けた。

　社長はバンクミーティングを開き、金融債務の返済が各行バラバラになっ

ているものを一律にし、一定額返済の猶予を受けたうえで、計画的かつ公平に行うことを説明、各金融機関に、理解と協力を求めた。

　次に松浦は、ゴルフ場事業の改善の余地がないかを考えた。また債務整理にあたり、預託金債務の整理の方法がないかもあわせて、アドバイスをもらうために、ゴルフ場専門のコンサルタントと契約することを、社長に提案した。

　しかし、社長はコンサルタントの導入については首を縦に振らなかった。

　社長はいう。

　「このゴルフ場は、私が30代の頃に脱サラしてつくったものです。土地も、地主の家を1軒1軒訪ね歩いて、『ここにゴルフ場をつくりたい。協力してほしい』といって、土地を貸してもらうよう説得して歩いた結果、これだけの敷地が確保できたのです。会員とも顔見知りで、親しい人ばかりです。いまさら、コンサルタントの意見など聞きたくありません。このゴルフ場は、私でないとわからないのです」

　松浦は、債務者の気持ちに寄り添うことも重要と考え、それ以上コンサルタントの件は無理強いしなかった。

　ところが、その後も業績は下降線をたどった。その状態をみた各取引金融機関は、先に提示された金融支援案になかなか応諾しなかった。このままでは、再生できる会社も再生できなくなる。松浦は、個別に各取引金融機関を回り、金融支援案への理解と同意を求めた。D銀行にも、時折報告を兼ねて、訪問した。すると、こんな話を聞かされた。

　「事実関係は未確認なのですが、社長が独自に、スポンサー探しに動いているという情報を耳にしています。もしかしたら、プレパッケージ型民事再生で、自身が経営権を保持したまま、債務を整理しようとしているのかもしれません」

　「そうですか。想像ですがそのスポンサー候補は、おそらく『経営はあなたに任せます。うちは、お金は出しますが、口は出しません』とでもいって

いるのでしょう。あと、『民事再生手続には担保権消滅請求制度があるので、担保も低い価格で受け戻すことができます』などと、話している可能性もあります」

　経営者も、それで余分な借入金を整理できるのであれば、乗り気になるのはわからないではない。M&A、敵対的買収、PEファンド。甘言を弄して経営者を動かし、後で経営権を召し上げるような投資会社も、時折見かけなくはなかった。

　また何よりも、民事再生手続で、預託金を納めている会員までが一定の負担を強いられることと、経営者がオーナーシップを維持したままで再生することには、説得力のある繊細な利益調整が必要となるはずだ。

　　　＊　　　＊　　　＊

　その後も元利金弁済を継続しつつ、約半年が過ぎた。しかし、社長は、民事再生の申立てをあきらめていなかった。

　ある日の夕方遅く、社長が突然あおぞら債権回収を訪れた。そして、このように告げた。

　「本日、裁判所に民事再生手続を申し立てました」。そういって、社長は申立書のコピーをテーブルの上に置いた。

　「新たなスポンサーに事業を譲渡し、この会社は清算します。別除権の価格は4億円程度と考えています」と社長は説明した。

　「スポンサーはこれから探さないといけませんね。できれば、ある程度スポンサーのメドが立った後、プレパッケージで民事再生手続を申し立てれば、会員権者ほか、債権者の動揺も少なくてすんだのですが……」。松浦は動揺する気持ちを抑えてそういった。

　「スポンサー候補はいます」。社長は言葉を続けた。「スポンサーは、XYインベストメントです」

　松浦は、そのスポンサー名を聞いたことはあったが、ゴルフ場の再生で有

名な会社というわけではなかった。

　「別除権となる担保付貸出のみならず、会員権者をはじめとする一般債権者への配当を少しでも多くするためには、本来は入札形式で、より高い価格を提示するようなスポンサー候補を、一緒に選んでいく必要があります。御社は現在でも、キャッシュフローで２億円以上創出できており、それなりのスポンサーを探せば、よい価格の提示は受けられます。そのために、ご了解をいただければ、われわれの伝手や、あおぞら銀行グループのM&A部隊にも協力を仰ぎます」と松浦は提案した。

　しかし、「そのスポンサーは、運営は私に任せてくれるといっています。また、一定期間後に、買い戻す予定です。あのゴルフ場は私でなければ運営できません。外資系などに買収されてしまったら、会員からはそっぽを向かれてしまいます」と社長はいった。

　業績は下降傾向が続いており、経営にも変化が必要だと考えられた。しかし、社長の態度は頑なで、お互いの話は平行線に終わった。

　松浦は、債務者の社長とのコミュニケーションがうまくいっていないこと、共同歩調をとれていないことに、忸怩たる思いを感じた。

　　　＊　　　＊　　　＊

　あおぞら債権回収としては、これ以降は、「企業の再生」ではなく、「事業の再生」のために動かざるをえない。

　民事再生手続申立ての２日後。まず、松浦はD銀行を訪問した。

　民事再生手続申立ての連絡が債務者からあったこと、申立書をみたところ、その収益力と担保価値からみて、相当低い金額による別除権の買戻しを企図しているようであること、今後は、最大債権者として、より高い価格で手をあげるスポンサーを選定できるよう行動し、粛々と手続を踏んでいく方針である旨を報告した。

　D銀行の担当者は、申し訳なさそうに、「御社の方針はよくわかりまし

た。弊行として異論はありません。弊行が同じ立場でも、同じ考え方、同じ行動をとるでしょう。よろしくお願いします」といった。

そのさらに2日後、民事再生事件の債権者説明会が開かれた。多数の債権者、つまり多くのゴルフ会員権者が集まった。

申立代理人の説明は、大要以下のとおりであった。

・民事再生手続申立ての目的は、事業を継続すること。
・外資系の第三者に売却してしまうと、皆さんの会員としての権利、それからプレー権も剥奪されてしまう。
・弊社は、ゴルフ場の所有と経営を別会社に分離しているが、今般、別会社にゴルフ場の事業と不動産を移す。皆さんには、この別会社の株式を渡す。この方式によらなければ、皆さんへの金銭での配当もないだろう。
・株式を保有すれば、プレーもできるうえ、将来は買戻しをする。
・「D再生ファンド」は、一銭でも高く回収しようとして、外資系に事業を売り渡そうとしている。自分のことしか考えていない。
・自分（代理人）は、少しでも多くの人に、経済的メリットが行くように、またプレーが継続できるように、方策を考えている。

これに対し、あおぞら債権回収は、以下の意見陳述を行った。

・あおぞら債権回収が運営する「D再生ファンド」としては、額面全額の返済を要求しているわけではない。
・ただし、申立代理人の説明内容に、いくつか事実と異なる点がある。
・別会社の株式を引き渡す方式でなければプレー権が保護されない、という説明は間違っている。いままで多くのゴルフ場の再生手続が行われたが、プレー権が保護されなかったという例は、まず聞かない。

- D再生ファンドにしか配当がいかないという説明があったが、これも間違っている。一般配当を行うためには、別除権の評価額を上回る金額で手をあげるスポンサーを探すしかない。
- 所有と経営の分離、との話があったが、これはごく最近行われたことである。ゴルフ場の重要な資産の1つである借地権も、別会社に移し替えられている。つまり、事業に重要な資産が、法的整理の直前に、債権者に無断で、別会社に移転されてしまっている。別会社の株式を、債務者企業が保有しているならまだしも、別会社の株式は、先ほど説明のあったスポンサー候補がすでに60％保有している。しかも、株式も借地権も、ほとんど資金の受渡しがないまま、譲渡されている。
- すでに債務超過の会社であるにもかかわらず、株主が、債権者に無断でこのような重要な決定を行っていること自体問題がある。監督委員に対し、これらの事実を上申のうえ、調査を求めたい。

　債務者側スポンサー候補は、自らの利益確保を焦ったと思われる行動や、債務者の財産管理上も問題となるような行動をしてしまっていた。債務者の事業価値はすでに毀損されており、こうなると別会社の株式譲渡については否認権行使の対象となる可能性が高かった。

　とはいえ、このまま民事再生手続によったのでは、即時の担保権消滅請求が予想されるため、早急に別の手段を考える必要があった。それが、多数存する会員も含めた債権者一般の利益にかなうことでもあるとあおぞら債権回収は考えた。

　やはり別の法的手段に頼らざるをえない。会社更生手続開始の債権者申立てである。あらかじめ準備をしていたこともあり、申立ては、先の債権者集会の2日後に行うことができた。同日、保全管理命令が下りた。

　次に行ったことは、金融債権の集約であった。すなわち、債権の買い集め

である。全部で３行、金融機関が一般債権者として残っていたが、あおぞら債権回収の買取りを担当する部門の各担当者が、事情を説明のうえ、買取価格を提示。その結果、３行すべてから譲渡を受けることができた。

これにより、意思決定が迅速に行えるようになり、その範囲も広がった。

これに先立ち、更生事件としての債権者説明会が開かれた。冒頭、管財人からは、「すでに民事再生事件の説明会が行われているが、裁判所の判断として、より手続の厳格さに勝る、会社更生法の手続を優先させることが通例となっている」旨の説明があった。

そのうえで、申立人であるあおぞら債権回収から、以下の主張がなされている、との説明が行われた。

・更生会社は会社の価値を毀損するような行為をしているのではないか。
・別会社への業務委託にあたり、更生会社は年間２億円程度のキャッシュフローを創出しているのにもかかわらず、業務委託料は２千万円と過少であり、更生会社から別会社に業務委託料を越える収益が流出している。
・更生会社の民事再生申立の直前に、別会社の株式のうち60％をスポンサー候補の投資会社等に、低廉な金額で譲渡している。
・スポンサー候補を、某投資会社１社に限定しているが、これで債権者への配当のみならず、債務者の事業の再生に必要な資金も含めた十分な譲渡代金が確保されるのか、疑問である。
・しかも、別除権の金額を４億円と見積もっているが、年間２億円の利益が出ているゴルフ場としては、明らかに低廉な金額である。
・会員900人に対し、別会社の株式を預託金債権と交換する、とのことであるが、発行済株式１万株に対し、900株。持ち株比率からいっても、とても経営に関する決定事項に関与できるほどではなく、この選

択肢が会員にとって経済的合理性があるとは到底いえない。

・民事再生手続の説明会において、会員権を退会時に会社が買い取る、との説明があったが、申立書には、「買い戻すことができる」とだけ記載されており、会社の義務とはなっていない。

管財人は、配当の見込みについても踏み込んだ説明を行い、会社更生手続は順調に進んでいくものと思われた。

しかし、元社長はあくまで、独自の路線を歩むことをやめようとしなかった。今度は、ゴルフ場の敷地の所有者である地主に対し、自分の方針に賛成するよう依頼して回っている、との確度の高い情報が入ってきた。

D再生ファンドとしては、いままでの進め方に誤りはないと考えてはいたものの、元社長がどのような説明を地主に対し行っているかわからず、今後のゴルフ場の再生に大きな障害となりかねないことも考えられた。

会社更生手続の申立代理人に相談を行ったところ、債権者として社長個人の破産申立てを行うことが最善の策であるとの助言を受けた。このままでは、元社長の行動の結果、会員権者をはじめとする一般債権者全体の不利益が増す可能性が高く、すみやかに管財人による統制を確保したほうがよい、とのことだった。

破産手続開始申立てをした債権者名は公表される。しかしながら、債権者は再生ファンドである。決して間違った行動はしていないとの自負はあるものの、元社長の想いも理解できる。また、世間からみたらどう思われるか。

社内でも議論した結果、やはり最大債権者として説明可能な行動をとるべき、との意見が大勢であり、申立てに踏み切ることとなった。

*　　*　　*

以降の経過は、次のとおりである。

破産手続開始決定の直前、会社更生手続の管財人が申し立てていた、債務

者の行為の否認請求申立事件につき、否認請求を認める旨の決定が、裁判所でなされた。

その後、スポンサー候補から、和解したい旨の連絡があった。具体的には、いったん譲渡を受けた別会社の株式を返還のうえ、代金の返金を受けるというものであった。

これにより正常な会社更生手続に戻り、スポンサー選定手続きが開始され、再生ファンドはイグジットを迎えた。しかしながら、再生ファンドとして必ずしも当初のシナリオどおりの対応はできなかった。もし、入り口の段階で、債務者と共同歩調をとることに成功していたら、元社長が、破産に至らず、なんらかのかたちで関与した状態でのイグジットもできたかもしれない。元の取引金融機関であるＤ銀行としても、企業としての再生が図れず、後味の悪い譲渡案件であっただろう。

再生案件は、もともとの取引金融機関、譲り受ける再生ファンド、そして債務者企業、三者の想いが一致していないと、よい結果につながらない。

それを強く認識させられた案件であった。

（この物語はフィクションであって、実在の団体・人物とはまったく関係がありません）

6 **解放：ある個人事業者の、"小さな"事業再生**

　個人で背負うことのできる借金は、どれくらいの金額までが許容範囲だろうか。もちろん年収や財産にもよるため、一概に答えられないかもしれない。では年収があれば、財産があれば、借金は、個人でいくらでもできるのか。

　問題は、年収や財産は、いまは十分でも将来減るかもしれない、という点だ。つまり、高収入の人でも、健康を害して働けなくなってしまったり、経営していた事業が不振に陥ったり、ということもありうる。

　財産とて、買ったものが、いつまでも買った時の資産価値から変わらないだろうか、というと、そんなことはない。マンションは所有権保存登記をした途端、価格は下がる。たった1年、2年住んだだけでも、価格は下がる。地価が下落したら価格は下がる。収益物件でも、テナントや入居者が退去して、かわりが見つからなければ、価格は下がる。でも、借金は返済しないと減らないのだ。

　なぜ、こんな当たり前のことを書いているかというと、こういったリスクが顕在化し、借入金が返済できずに人生の危機に陥る債務者が、実に多いからだ。サービサーとして債務者をみていると、この債務者はこれだけしか収入がないのに、なぜこれだけ大きな債務を負ってしまったのだろうか、と不思議に思うことも少なくない。

　　　＊　　　＊　　　＊

　これからの物語に登場する債務者Aさんも、ごく普通の生活者である。

　都内に自宅を建設し、その1階を店舗とした。債務者のAさんは、70歳、女性。44歳の長男、40歳の次男と3人で生活している。長男は1階店舗で書道塾を経営、次男は新聞販売店に勤務し、債務者は年金収入のみ。

借入金は当初、１億５千万円。現在、１億２千万円。利息は支払わず、返済金は全額元本に充当しているが、それでもあまり減っていない。理由は、年収に比べ、借入金が重かったのと、長男が健康を害したこともあり、書道塾の営業状況が思わしくないことであった。

　このままでは収入が先細りになる、と覚悟した債務者は、自宅兼店舗の売却を決意した。ところが不動産市況が右肩下がりとなり、売却のタイミングを失してしまった。

　借入金と同額での指値で、不動産会社数件と媒介契約を締結したが、相場からみても、市場環境からいっても、指値に届きそうにない。

　融資を行ったＥ信用金庫は、少ない収入のなかから、毎月20万円の返済を続けている債務者の真摯さをみて、あおぞら債権回収が運営する再生ファンドへの債権売却を決断した。

　「苦しいなかでも、欠かすことなく返済を続けてきたＡさんです。どうか、家族の生活が成り立つよう、あおぞらさんの再生ファンドで債務を整理してあげてください。お願いします」。あおぞら債権回収の担当者に対し説明する、Ｅ信用金庫の担当者の口調、表情は真剣そのものだった。

　　＊　　　＊　　　＊

　「あおぞら債権回収の桜井と申します。Ａさんの担当になりました。ご挨拶にお邪魔したいのですが、ご都合のよい日はありませんでしょうか」

　あおぞら債権回収・桜井は、Ａさんに、ファーストコールとなる電話をかけた。桜井は、前々月まで債権評価部門に所属しており、Ａさんの債権のデュー・ディリジェンスを担当した。前月、社内異動によりサービシング部門に移り、偶然にも担当することになったのが、そのＡさんであった。それだけに債務者の窮状はよく理解している。「サービサーが電話をしたら、どんな反応をするだろう」。桜井は、少し緊張していた。

　「Ｅ信用金庫さんから話は聞いています。これからお世話になります。ど

うかよろしくお願いします」。思いのほかＡさんの電話の口調は丁寧であった。

　次の日、桜井が約束した時間にＡさんの自宅を訪問すると、Ａさんと、Ａさんの長男が出迎えた。

　桜井を食卓に通し、テーブルにお茶を置きながら、Ａさんは話し始めた。

　「長男はもともと書道家としての腕は悪くありません。日展など、有名な書展にも出品し、入選したこともありました。書道塾の生徒さんからの評判も悪くありませんでした。ところが４年ほど前から持病が悪化し、入院や通院で臨時休業したりして、次第に生徒が減っていきました。私が、お金の管理や生徒さんへの連絡窓口をやりながら、書道塾の経営を助けているのですが、齢も齢ですし、いつまでできるかわかりません。次男は働きに出ていますが、収入もわずかなものです。息子は２人とも収入も少ないので、嫁の来手もありませんでした。ということで、３人で協力し合って生活してきたのです。

　でもおそらく、こんな状態のまま、この家に住むのは身の丈にあっていないのでしょう。いずれ売却して借金をお返ししたいと思っています。ただ、毎月20万円の返済は、私の年金からも一部出さないと返せない。固定資産税も払えなくなってきています。桜井さん、初めて来られて、こんなお願いするのも申し訳ないのですが、自宅の売却ができるまで、毎月の返済を少し減らしてもらえないでしょうか」

　桜井はＡさんの話をじっと聞いていた。よく、サービサーは貸出債権を額面以下で取得しているはずなので、返済金額を負けてくれるだろう。そう期待して、サービサーに売却された直後に、いろいろな事情を並べ立てて減額を要請してくる、あるいは和解を打診してくる債務者は少なくない。後でよく調べてみると、その事情は必ずしも真実でなかったりすることもある。

　でも、Ａさんのいうことには嘘や偽りはない、と桜井は思った。「わかりました。返済金額の減額の件は、社内で検討します。それから、売却を依頼

している不動産会社と、不動産会社に伝えている売却の最低金額を教えてください」と桜井は聞いた。

「不動産会社は、○○不動産、△△地所、◇◇ホームの３社です。金額は、どこにも１億２千万円以上で、とお願いしてあります。そうでないと借入金が返せませんから」とＡさんが答えた。

桜井は、Ａさんがいかに真面目な債務者であるか、再認識した。この窮状のなかでも、Ａさんは全額借入金を返済しようとしているのだ。「Ａさん、いまの市況で１億２千万円で買う相手を見つけるのは、むずかしいと思います」

Ａさんはすかさず聞く。「そうだろうとは思っています。でも、それでは残った借入金を返すことができなくなります」

桜井は、こう答えた。「たしかにそのご心配はごもっともです。いまから申し上げることは、この場での確約ではありませんが、ある程度の金額で売却できたら、残りの借入金は整理する方法を考えます。社内で検討しますから、しばらくお時間をください」

「そんなことができるんですか。なにとぞお願いします」。Ａさんは、すがるように、桜井にそう答えた。

桜井は、上司の決裁を得て、毎月の返済を、20万円から15万円に減額することにした。これで、Ａさん一家の生活は少しだけ楽になった。

数カ月後、Ａさんは、Ａさんが媒介契約を締結している不動産会社から、買付証明を出している買い手候補がいる旨の連絡を受けた。

その金額であれば、あおぞら債権回収が和解に応じてくれるだろうと思い、桜井に連絡すると、桜井はこういった。

「Ａさん、引っ越し先は決まっていますか。引っ越し先が賃貸住宅であれば、入居保証金が要りますよね。お手元には用意はありますか」

「用意はありません。でも、やっと買付証明が出たんです。後のことは家族で何とかしますから、これで応諾できませんか」とＡさんはいった。

「早くご返済していただくのはありがたいのですが、Ａさんの後の生活のご準備ができていないのに、ご自宅を売り払ってしまうのは賛成できません。それから、固定資産税の滞納分がありますよね。これは返済金よりも優先させます。引っ越し費用や、次の家の入居保証金なども配慮します。

　それと、もっと大事なことがあります。ご長男、書道塾を続けられますよね。そのためには、机や道具など、引っ越し後多少の開業費も要るでしょう。それらを差し引いて、弊社の目線に合う金額を提示してくれる買い手を、これから一緒に探しましょう。大丈夫、あせらないでください」と桜井は説明した。

　Ａさんは少し驚いていった。「それはそうですが、それまであおぞらさん、待っていただけるんですか」

　「Ａさんの債権を保有しているのは、再生ファンドです。Ｅ信用金庫さんから、Ａさんの債権を譲り受ける際にも、その後の生活が成り立つように、うまく取り計らってほしいといわれています。何とか合意できる金額で買い手が見つかるまでは、現在の返済金額で結構です。それができるのが、再生ファンドですから」と桜井は答えた。

　桜井は、Ａさんの了承を得て、以前からＡさんが媒介契約を締結している３つの不動産会社のほかに、あおぞら債権回収が以前より取引をしている不動産会社のうち、Ａさんの自宅の地域に強い数社に、情報提供を依頼した。

　３カ月後、そのうちの１社から前回よりも高い金額での買付証明が提示された。この金額であれば、Ａさんの手残りや、固定資産税の延滞分も支払える。

　Ａさん一家は引っ越し先を探し、隣りの駅から徒歩５分の、３ＬＤＫのマンションの１階を借りることができた。築30年の古いマンションだが、この１室で長男は書道塾を経営することができる。現在の書道塾からの距離もそれほどなく、いままで通っている生徒も引き続き通うことができる。

　家賃は９万５千円。現在支払っている借入金の返済に比べ、５万５千円余

裕ができる。

　残る問題は、借入金から担保任意売却で返済した残りの債務の整理である。そのまま免除してしまえば、免除益が発生し、課税問題が生じる。

　桜井は、まずＡさんに個人調査書の提出を求め、債務者として弁済余力が乏しいことを確認した。

　そのうえで、残りの債務を、Ａさんの直接利害関係人でない第三者に譲渡する方法でも対応が可能であることを説明した。

　譲り受けて債権者となる人は連帯保証人ではない第三者が望ましいが、引き受け手になってくれる人は、やはり親族が有力候補である。

　Ａさんに聞くと、何かと世話を焼いてくれる親族が、近くに住んでいるという。そこでＡさんとその親族に、税理士にも相談してもらい、対応が可能という返事を得た。これで準備は整った。

　　＊　　　＊　　　＊

　１カ月後、Ａさん、Ａさんの長男と次男、Ａさんの居宅の買主、買主に対し購入資金を融資する地方銀行の担当者、司法書士、そして桜井が一同に会した。場所は、地方銀行の支店のオープン会議室である。

　司法書士が、売買契約書、担保契約の抹消契約書等の書類を確認。地方銀行が買主に対し融資を実行。実行金が買主名義の口座からＡさん名義口座に振替え。そのうち、あらかじめ合意してあった金額の返済金を、あおぞら債権回収の指定口座に送金。桜井が電話で着金を確認。桜井は抹消契約書を司法書士に手渡す。これで任意売却による一部内入れ弁済が完了した。

　その後、司法書士と買主が退室。別室で待っていたＡさんの親族が入室。桜井が、あおぞら債権回収の指定口座に、Ａさんの親族からの残債権譲渡代金の着金を確認。そのうえで、債権譲渡契約を取り出し、Ａさんの親族に対し内容説明のうえ、署名捺印を受ける。債権譲渡契約を手交。

　以上で、Ａさんの債務整理は完了した。

Ａさんがいった。「この10年間、借金のことが頭から離れることは片時もありませんでした。今月は返済できるだろうか、来月はどうだろうか。返済できなければ、家を追い出されると思って、頑張ってきました。息子たちに迷惑をかけないように、自分が生きているうちに、何とか整理をしたいと思っていました。今日の日を迎えることができたのは、あおぞらさんのおかげです。もう思い残すことはありません」

　桜井はにこやかにいった。「そんなことをおっしゃらずに、これからも頑張ってください。もともとはＥ信用金庫さんからＡさんの将来を託されたと思っています。お礼なら、Ｅ信金さんにいってください」

　すると、Ａさんの長男はこういった。「実は、あおぞらさんに債権が移った後も、Ｅ信金さんの支店長さんが時々お見えになって、その後どんな様子か、いろいろと気にかけてくださっていました。あおぞらさんが親身になってくれたと、近々報告に行ってこようと思います。

　5年ほど前にも、あおぞら債権回収さんへの譲渡の話をされたことがありました。その時は、サービサーに何をされるんだろうと怖くて、お断りしていました。桜井さんのおかげで、あおぞらさんのことを誤解していたことがわかりました。サービサーという会社のこともよくわかりました。経済的に困って思い詰めている人を助けてくれるのがサービサーだと思いました。

　最大の懸案の借金の問題が片付きました。心機一転、書道塾のほうも頑張っていきます」

（この物語はフィクションであって、実在の団体・人物とはまったく関係がありません）

第 5 章

サービサーの今後の課題
―まとめにかえて―

第1章から第4章まで、サービサーとはどのような仕事をしている会社か、特に近時の最重要課題の1つである中小企業や小規模事業者の事業再生という点に関し、再生ファンドなどの機能を使い、どのように役割を担っているか、また過去からどのような金融経済環境の影響を受けつつどのような経緯で今日の姿になるに至ったのか、さらにはそれらの事業再生を中心とした活動をフィクションの形式で紹介した。

　物語には、うまく事業再生に成功した話も、関係当事者との合意形成に苦労し、必ずしもうまくいかなかった話も載せた。

　ただ成功、失敗いずれのケースにしても、われわれサービサーは、決して債権者としての権利を振りかざし、債務者の事情も考慮せずに、目先の利益だけを追求することばかりしているわけではないこと、そして事業再生にかかわる専門家はあまた存在するが、おそらくサービサーでなければできないことがある、ということも読者にご理解いただけたと思う。これが本書の刊行のねらいである。

　とはいえ、わが国の現状の経済環境と、金融機関の不良債権の状況が変わらないなかにおいては、サービサーの業務環境は決して楽観視できない。強みや特色のないサービサーは淘汰される可能性もある。過当競争は債権譲受価格の高騰というかたちで顕在化しているが、事業再生支援を必要としている債務者の債権譲受価格が高ければ高いほど再生実現のハードルも高くなる。

　以上の認識のもと、あおぞら債権回収としての自戒も込めて、サービサー業界の将来を左右するキー・ファクターをあげるとともに、現在のサービサー業界に存在する問題、今後のサービサー業界の展望等を述べ、本書の結びとしたい。

1　金融機関の動向にあわせ、特色を生かした業務展開

　サービサーに債権を譲渡する立場である金融機関は、円滑化法以降の開示債権基準の緩和、金融検査マニュアルの廃止、当局への返済条件の変更申込等の件数報告休止、監督指針の変化等、さまざまな行政の方針と向き合っている。

　サービサーも、この金融機関の動向をフォローし、その要望にマッチした業務を行っていくことが、今後ますます重要になってくる。

　債権譲渡は、金融機関がそれまで行ってきた管理・回収業務、または事業再生支援業務など、重要な役割を引き継ぐことでもある。したがって、今後ますます、金融機関とサービサー間の連携と信頼関係が重要になろう。特に、「地元密着」「地域とともに」を掲げる地域金融機関の顧客対応を認識しつつ、債権を引き継ぐ必要がある。

　サービサー各社にも「得意とする債権」と「不得意とする債権」とがある。その特性は設立母体、株主構成、管理・回収業務に従事する職員のバック・グラウンド、債権譲受資金の調達方法などに左右される。

　たとえば、債権譲渡後も債務者に配慮が必要な債権であれば、債権保有期間の制約が少ないAサービサー、事業キャッシュフローに依拠する債権であれば、企業分析に長けているBサービサー、担保不動産の換価処分力が問われる債権であれば、幅広い不動産業者ネットワークを有するCサービサー、といった具合である。

　また、金融機関においてマネーロンダリング対策やテロ資金対策が急務となっている昨今、サービサーの株主や債権譲受資金調達先の確認を行う金融機関も出てきている。

　サービサー各社としても、自身の得意分野を金融機関に対し訴求していくことで、単なる価格競争ではなく、より独自の強みを生かした業務展開が図れる可能性が高くなる。

2 適正かつ健全な債権デュー・ディリジェンス

債権譲渡による不良債権処理の点で最も重要なポイントの1つは、譲渡価格である。

譲渡価格算定にあたっては、譲渡対象債権の債務者の現実的な出口戦略に基づいた適正なかつ健全な債権デュー・ディリジェンス（DD）を行い、自らの回収力、再生支援ノウハウに応じた債権の譲受に取り組んでいく必要がある。

a 責任のある債権評価

金融機関で顧客に貸出を行う際には、顧客と面談し、顧客の現況、損益、資産にかかわる資料を徴求し、返済可能性等を分析する。そのために相応の時間と手間を費やしている。

これに対しサービサーは、譲渡対象債権の債務者等と接触することなく、金融機関が保有している資料と譲渡対象債権にかかわる質疑応答だけで、債権譲渡価格を算出する必要がある。債務者に過度な負担をさせないためにも現実的な出口戦略を検討し、これに基づいた適正な債権DDを行う必要があり、そのためには相応の時間とプロセスを経たうえで、責任のある債権評価を行うべきである。

b 金融機関の方針や意思の確認

債権DDの手続や手法はサービサー各社によって異なるが、たとえば不動産担保付債権の場合、実際に現地に赴き、役所等で法令上の規制等について調査し、近隣の不動産会社に担保不動産の周辺における不動産取引の繁閑、売買における取引相場や賃料相場等をヒアリングしなければならない。当然、調査費用や交通費等がかかる。

また、客観性担保の観点から第三者による担保不動産評価を取得しているサービサーにおいては、業務委託手数料等がさらに付加される。

つまり、責任ある債権DDのためには、時間と労力とコストがかかる。

したがってサービサーは、可能な範囲で、譲渡対象債権についての金融機関の方針や意思確認を行ったうえでより適正な債権DDを行い、そして債権を譲り受けることが、事業会社として適正な利益をあげていくために、それから何よりも譲り受ける債務者のために求められる。

3　モラル、スキル、そして付加価値創造

本書のタイトルである、『サービサーと事業再生』は、サービサーが「事業再生」という価値を生み出すことができる存在であることを、読者に知っていただきたいという思いから決めたものである。

サービサーは、中小企業の事業再生、ひいては中小企業がその会社数の99％を占める日本経済の再生において、小さからぬ役割を果たしてきた。その事実に対し誇りをもち、冷静な自己分析に基づく経営を推進する、そうすれば未来は開けるはずである。

もとより、サービサーが、厳格な行為規制等のもと、営業許可を受けた事業者である以上、債務者保護に配慮し、種々の法令等の規制を遵守するためのモラル・スキルの向上は欠かせないものであり、今後も努力を惜しまずこれを向上させていかなければならない。

サービサーを利用する金融機関の皆様方におかれては、各サービサーが、どれだけモラル・スキルの向上と事業再生など債務者の付加価値創造のため自己研鑽をしているか、貴行、貴金庫、貴組合の大切なお取引先を任せられる相手であるか、よく見届けていただくことをお勧めしたい。そうした緊張感が、サービサー業界の中長期的な発展にもつながっていくものと確信している。

巻末資料1　サービサー一覧表

（2019年3月1日、一般社団法人全国サービサー協会作成）

許可番号	会社名	許可年（西暦）	許可年月（平成）	備　考
1	プレミア債権回収㈱	1999年	11年4月	平成27年3月廃業
2	日本債権回収㈱	1999年	11年4月	
3	東京債権回収㈱	1999年	11年4月	平成22年7月解散
4	ジーエムエーシーコマーシャルモゲージ債権管理回収㈱	1999年	11年4月	平成14年12月合併　1番へ
5	アビリオ債権回収㈱	1999年	11年5月	
6	TSB債権管理回収㈱	1999年	11年5月	
7	ニッテレ債権回収㈱	1999年	11年6月	
8	エムシーエス債権管理回収㈱	1999年	11年6月	平成23年10月合併　61番へ
9	㈱整理回収機構	1999年	11年6月	
10	SMBC債権回収㈱	1999年	11年6月	
11	オリックス債権回収㈱	1999年	11年6月	
12	㈱港債権回収	1999年	11年7月	平成30年12月解散
13	㈱アトリウム債権回収サービス	1999年	11年7月	
14	やまと債権管理回収㈱	1999年	11年7月	平成27年9月解散
15	ユーエーエス債権回収㈱	1999年	11年7月	平成22年10月廃業
16	グローバル債権回収㈱	1999年	11年7月	平成30年12月廃業
17	ハドソン・ジャパン債権回収㈱	1999年	11年8月	平成18年8月廃業
18	シー・シー・シー債権回収㈱	1999年	11年8月	
19	のぞみ債権回収㈱	1999年	11年8月	
20	㈱山田債権回収管理総合事務所	1999年	11年9月	
21	ジャックス債権回収サービス㈱	1999年	11年9月	
22	あおぞら債権回収㈱	1999年	11年9月	

許可番号	会社名	許可年（西暦）	許可年月（平成）	備　考
23	キャピタル・サーヴィシング債権回収㈱	1999年	11年9月	
24	㈱ロンバート債権回収	1999年	11年9月	平成22年8月廃業
25	エスジー債権回収㈱	1999年	11年10月	平成19年10月合併　10番へ
26	㈱沖縄債権回収サービス	1999年	11年11月	
27	エー・シー・エス債権管理回収㈱	1999年	11年11月	
28	エム・ユー・フロンティア債権回収㈱	2000年	12年2月	
29	パシフィック債権回収㈱	2000年	12年2月	
30	栄光債権回収㈱	2000年	12年3月	
31	ミレニアム債権回収㈱	2000年	12年3月	
32	Beacon債権回収㈱	2000年	12年4月	
33	卯浩債権回収㈱	2000年	12年4月	平成27年5月廃業
34	ジェーピーエヌ債権回収㈱	2000年	12年6月	
35	㈱日貿信債権回収サービス	2000年	12年6月	
36	PAG債権回収㈱	2000年	12年6月	
37	中央債権回収㈱	2000年	12年8月	
38	やまびこ債権回収㈱	2000年	12年8月	
39	㈱ディーシー債権回収	2000年	12年9月	平成18年1月合併　51番へ
40	みずほ債権回収㈱	2000年	12年9月	
41	オリンポス債権回収㈱	2000年	12年11月	
42	東京ダイヤモンド再生・債権回収㈱	2000年	12年12月	平成17年10月合併　28番へ
43	りそな債権回収㈱	2001年	13年1月	平成23年9月解散
44	アイ・ティ債権回収㈱	2001年	13年3月	平成23年6月解散
45	テアトル債権回収㈱	2001年	13年3月	
46	アスカ債権回収㈱	2001年	13年4月	平成15年3月廃業
47	保証協会債権回収㈱	2001年	13年4月	
48	日立キャピタル債権回収㈱	2001年	13年4月	

許可番号	会社名	許可年（西暦）	許可年月（平成）	備考
49	九州債権回収㈱	2001年	13年6月	
50	ターンアラウンド債権回収㈱	2001年	13年6月	平成23年6月解散
51	アイ・アール債権回収㈱	2001年	13年6月	
52	パル債権回収㈱	2001年	13年7月	平成22年4月合併　5番へ
53	系統債権管理回収機構㈱	2001年	13年7月	
54	三和債権回収㈱	2001年	13年9月	平成21年12月廃業
55	しまなみ債権回収㈱	2001年	13年9月	
56	センチュリー債権回収㈱	2001年	13年10月	平成20年3月許可取消
57	ベータウエスト債権回収㈱	2001年	13年10月	平成22年12月解散
58	ブルーホライゾン債権回収㈱	2001年	13年10月	
59	エム・テー・ケー債権管理回収㈱	2001年	13年10月	
60	エヌ・エス債権回収㈱	2001年	13年11月	平成16年1月合併　28番へ
61	ちば債権回収㈱	2001年	13年12月	
62	東銀リース債権回収㈱	2002年	14年1月	平成26年9月解散
63	新生債権回収&コンサルティング㈱	2002年	14年1月	平成29年10月合併　101番へ
64	アストライ債権回収㈱	2002年	14年2月	
65	リサ企業再生債権回収㈱	2002年	14年3月	
66	山陰債権回収㈱	2002年	14年7月	
67	エイ・アイ・シー債権回収㈱	2002年	14年9月	平成29年7月廃業
68	㈱セディナ債権回収	2002年	14年10月	
69	リクレス債権回収㈱	2002年	14年10月	平成29年6月解散
70	アイ・エス・オー債権回収㈱	2002年	14年11月	
71	日本リバイバル債権回収㈱	2002年	14年11月	平成26年4月廃業
72	ミネルヴァ債権回収㈱	2002年	14年11月	
73	岡山債権回収㈱	2003年	15年1月	
74	エーアールエー債権回収㈱	2003年	15年2月	
75	㈱ジャスティス債権回収	2003年	15年3月	
76	アウロラ債権回収㈱	2003年	15年3月	

許可番号	会社名	許可年（西暦）	許可年月（平成）	備　考
77	みやこ債権回収㈱	2003年	15年4月	
78	ふくおか債権回収㈱	2003年	15年8月	
79	茨友債権回収㈱	2003年	15年8月	平成31年1月廃業
80	日拓トラスト債権回収㈱	2003年	15年9月	平成18年4月廃業
81	㈱ハドソンアドバイザーズ債権回収	2003年	15年10月	平成26年10月廃業
82	GEキャピタル債権回収㈱	2003年	15年12月	平成27年3月廃業
83	TM債権回収㈱	2003年	15年12月	平成19年5月廃業
84	㈱一富士債権回収	2004年	16年1月	
85	SMFG企業再生債権回収㈱	2004年	16年2月	平成19年7月解散
86	中総信債権回収㈱	2004年	16年2月	
87	ほくほく債権回収㈱	2004年	16年2月	
88	きらら債権回収㈱	2004年	16年8月	
89	横浜債権回収㈱	2004年	16年10月	平成17年12月廃業
90	丸の内債権回収㈱	2004年	16年10月	平成29年1月解散
91	㈱住宅債権管理回収機構	2004年	16年12月	
92	㈱YUTORI債権回収	2004年	16年12月	
93	㈱エムアールアイ債権回収	2005年	17年3月	
94	オリファサービス債権回収㈱	2005年	17年3月	
95	平成債権回収㈱	2005年	17年6月	
96	SH債権回収㈱	2005年	17年6月	
97	ロンツ債権回収㈱	2005年	17年10月	
98	ユニファイド債権回収㈱	2005年	17年11月	平成23年5月解散
99	㈱ABC債権回収	2005年	17年12月	平成20年2月廃業
100	ジャパントラスト債権回収㈱	2006年	18年1月	
101	アルファ債権回収㈱	2006年	18年3月	
102	リバイバルマネジメント債権回収㈱	2006年	18年8月	平成25年4月解散
103	アップル債権回収㈱	2006年	18年8月	
104	クローバー債権回収㈱	2006年	18年8月	平成29年3月廃業

許可番号	会社名	許可年（西暦）	許可年月（平成）	備　考
105	MLD債権回収㈱	2006年	18年12月	平成21年6月解散
106	クリアー債権回収㈱	2006年	18年12月	平成22年1月廃業
107	ウィンズ債権回収㈱	2006年	18年12月	平成25年3月廃業
108	トーワシップ債権回収㈱	2007年	19年1月	平成23年1月解散
109	リンク債権回収㈱	2007年	19年1月	
110	エイチ・エス債権回収㈱	2007年	19年2月	
111	サン債権回収㈱	2007年	19年7月	
112	中部債権回収㈱	2007年	19年12月	
113	パルティール債権回収㈱	2008年	20年2月	
114	AET債権回収㈱	2008年	20年8月	
115	リボーン債権回収㈱	2008年	20年12月	
116	トービル債権回収㈱	2009年	21年2月	
117	エフビー債権回収㈱	2009年	21年3月	平成25年10月廃業
118	札幌債権回収㈱	2011年	23年1月	
119	ベル債権回収㈱	2011年	23年3月	
120	北國債権回収㈱	2012年	24年3月	
121	セブンシーズ債権回収㈱	2012年	24年5月	平成29年5月廃業
122	アサックス債権回収㈱	2012年	24年6月	平成27年3月解散
123	アペックス債権回収㈱	2012年	24年8月	
124	美ら島債権回収㈱	2015年	27年2月	
125	みちのく債権回収㈱	2018年	30年9月	

巻末資料2　サービサー、不良債権、事業再生、金融行政等に関する年表

西暦	元号	サービサーの時代区分	不良債権や事業再生に関連する政策等
1989	平成1	サービサー法制定以前	
1990	2		・大蔵省が不動産融資の総量規制を実施
1991	3		
1992	4		
1993	5		・共同債権買取機構設立 ・金融制度改革関連法施行
1994	6		
1995	7		・破綻2信用組合の受け皿として東京共同銀行設立 ・住専の不良債権処理に公的資金投入決定
1996	8		・住宅金融債権管理機構発足 ・東京共同銀行を改組し、整理回収銀行発足
1997	9	黎明期	
1998	10		・金融機能安定化法により大手銀行など21行に公的資金注入 ・金融監督庁発足 ・自民党が金融再生トータルプランを発表 ・金融再生関連法成立 ・日本公認会計士協会、「『流動化目的』の債権の適正評価について」公表 ・「債権管理回収業に関する特別措置法」（サービサー法）公布

国内金融情勢一般	国内政治経済社会	海外
	・消費税導入（3％） ・日経平均株価3万8,915円87銭	・ベルリンの壁崩壊
・太陽神戸三井銀行誕生		・東西ドイツ統一
・金融不祥事続発（四大証券損失補填事件、イトマン事件など）	・地価税法公布	・ソ連崩壊
・証券取引等監視委員会発足	・東京佐川急便事件 ・東証平均株価2万円割れ ・地価17年ぶりに下落	・ロシアIMF加盟
	・細川連立内閣誕生 ・村本建設破綻	・EU発足
・預金金利完全自由化 ・東京協和信用組合、安全信用組合が破綻	・羽田内閣、村山内閣誕生 ・日本モーゲージ破綻	・メキシコ・中南米通貨危機
・兵庫銀行破綻	・阪神・淡路大震災 ・地下鉄サリン事件 ・島之内土地建物破綻 ・兵銀クレジットサービス、兵銀ファクター破綻	・大和銀行NY支店巨額損失事件
・東京三菱銀行誕生 ・太平洋銀行破綻	・橋本内閣誕生 ・日榮ファイナンス破綻 ・O-157事件	・ペルー日本大使公邸事件
・北海道拓殖銀行、日産生命破綻、山一證券自主廃業 ・ジャパン・プレミアム問題発生 ・金融持株会社解禁	・消費税引上げ（3→5％） ・クラウンリーシング、ヤオハンジャパン破綻	・アジア通貨危機 ・世界同時株安
・日本長期信用銀行、日本債券信用銀行破綻	・大蔵省・日銀接待汚職事件 ・小渕内閣誕生 ・日本リース破綻	・欧州中央銀行発足 ・ロシア通貨危機

西暦	元号	サービサーの時代区分	不良債権や事業再生に関連する政策等
1999	11	黎明期	・「債権管理回収業に関する特別措置法」（サービサー法）施行 ・金融監督庁が金融検査マニュアル公表 ・整理回収機構（RCC）発足 ・日債銀債権回収（現「あおぞら債権回収」）設立
2000	12		・特定調停法、民事再生法施行 ・金融監督庁を金融庁に改組 ・任意団体として「全国サービサー協会」設立。会員会社は40社
2001	13	成長期	・改正サービサー法施行、取扱債権の範囲の拡大及び業務に関する規制の一部緩和 ・「私的整理に関するガイドライン」スタート
2002	14		・金融庁が金融検査マニュアルに「中小企業融資編」が追加 ・「より強固な金融システムの構築に向けた施策」を公表 ・「金融再生プログラム（通称「竹中プラン」）」を公表 ・RCC、債権買取価格弾力化実現、入札参加等も可能に
2003	15		・中小企業再生支援協議会設置 ・産業再生機構（IRCJ）発足
2004	16		・「金融改革プログラム」を公表 ・中小企業基盤整備機構設立 ・「RCC企業再生スキーム」制定
2005	17	成熟期	・「地域密着型金融の機能強化の推進に関するアクションプログラム」を導入

国内金融情勢一般	国内政治経済社会	海外
・日銀が「ゼロ金利政策」導入 ・金融再生委員会、早期健全化法により大手銀行など15行に公的資金注入 ・東邦生命破綻 ・日本興業銀行、第一勧業銀行、富士銀行の経営統合発表 ・住友銀行、さくら銀行の将来の統合を前提とした全面業務提携を発表	・商工ローン問題化 ・日本ランディック破綻	・欧州単一通貨「ユーロ」誕生
・日銀が「ゼロ金利政策」解除 ・千代田生命、第百生命、協栄生命、大正生命破綻	・森内閣誕生 ・そごう破綻 ・企業倒産における負債総額23兆8,850億円（史上最高）	・初の南北朝鮮首脳会談 ・ロシア大統領選でプーチン氏当選 ・NYダウ急落、ITバブル崩壊
・東京生命破綻 ・日銀、「量的緩和政策」スタート ・緊急経済対策 ・金融庁、主要13行に対する特別検査実施	・小泉内閣誕生 ・日経平均株価1万円割れ ・マイカル破綻	・米同時多発テロ、世界同時株安
・日本承継銀行設立 ・大和銀行、あさひ銀行の合併発表 ・金融庁が「金融再生プログラム」発表	・FIFAワールドカップ日韓共同開催 ・大日本土木破綻	・アルゼンチン通貨危機
・りそな銀行に公的資金投入 ・足利銀行破綻	・日経平均株価7,607円88銭 ・ハウステンボス破綻	・イラク戦争
・日銀が「量的緩和政策」拡大 ・金融機能強化法成立	・日朝首脳会談 ・西武鉄道上場廃止	・EU25カ国に拡大 ・米FRB金利引締めへ
・ペイオフ解禁 ・大手銀行、不良債権比率半減目標（2002年3月期8.4％→2005年3月期2.9％）達成 ・三菱UFJフィナンシャルグループ誕生	・郵政事業民営化法成立 ・日経平均株価1万5千円台回復 ・エー・シー・リアルエステート（旧フジタ）破綻 ・個人情報保護法施行 ・耐震偽装問題が発覚	・中国人民元、管理変動相場制に移行 ・原油高騰

西暦	元号	サービサーの時代区分	不良債権や事業再生に関連する政策等
2006	18	成熟期	
2007	19		・金融庁が金融検査マニュアル改訂 ・事業再生ADR制度発足 ・産業再生機構を清算 ・中小企業再生支援全国本部設置 ・信用保証協会、責任共有制度導入
2008	20		・金融庁が「中小企業向け融資の貸出条件緩和が円滑に行われるための措置」を公表 ・信用保証協会、緊急保証制度開始
2009	21	後退期	・「全国サービサー協会」一般社団法人化 ・「中小企業者等に対する金融の円滑化を図るための臨時措置に関する法律」（円滑化法）施行 ・企業再生支援機構（ETIC）発足 ・金融検査マニュアルに「金融円滑化編」が追加
2010	22		

国内金融情勢一般	国内政治経済社会	海外
・日銀、「量的緩和政策」解除 ・あおぞら銀行が普銀転換 ・メガバンク、公的資金完済	・安倍内閣誕生 ・ライブドアグループ代表堀江貴文氏、証券取引法違反容疑で逮捕 ・村上ファンド代表村上世彰氏、インサイダー取引容疑で逮捕	・米FRB議長交代（グリーンスパン→バーナンキ）
・バーゼルⅡ適用開始 ・金融商品取引法全面施行 ・ゆうちょ銀行、かんぽ生命発足 ・保険商品の銀行窓販の全面解禁	・電子マネーの発行開始 ・福田内閣誕生 ・参議院選挙で与党大敗、過半数割れ ・麻布建物破綻	・チャイナ・ショック ・サブプライム住宅ローン危機の発生
・日本政策金融公庫発足 ・J-REIT初の破綻（ニューシティ・レジデンス投資法人） ・大和生命破綻	・麻生内閣誕生	・米ベアー・スターンズ破綻、JPモルガン・チェースが救済買収 ・リーマン・ショック発生 ・米「金融安定化法」成立 ・欧米主要中央銀行協調利下げ ・欧米当局による金融機関への資本注入 ・金融サミット開催
・株券電子化 ・日銀、社債、ＣＰ、企業振出し手形などを担保にした新型オペ開始 ・日銀、銀行保有株式の購入を決定 ・日銀、金融機関向け劣後ローン引受け開始	・日経平均株価7,054円98銭 ・鳩山内閣誕生 ・政府「デフレ宣言」 ・ロプロ破綻	・オバマ大統領就任 ・米クライスラー破綻 ・米GM破綻 ・ドバイ・ショック
・「改正貸金業法」完全施行 ・日本振興銀行破綻、初のペイオフ発動 ・日銀、「包括的な金融緩和政策」導入 ・円高進行、一時80円台	・日本航空、ウィルコム、武富士破綻 ・菅内閣誕生	・ギリシャ危機発生（国債格下げ） ・米「金融規制改革法」成立 ・EUとIMF、アイルランドに金融支援

西暦	元号	サービサーの時代区分	不良債権や事業再生に関連する政策等
2011	23		・円滑化法の 1 年延長 ・「個人版私的整理ガイドライン」スタート
2012	24	後退期	・円滑化法の再延長（1 年） ・中小企業庁が「中小企業支援ネットワークの構築について」公表 ・経営革新等支援機関認定制度
2013	25		・円滑化法失効 ・地域経済活性化支援機構（REVIC）発足
2014	26	再興期	・RCC、サービサー機能を活用した反社債権の買取りおよび管理・回収受託業務を開始 ・「経営者保証に関するガイドライン」スタート ・日弁連「特定調停スキーム」公表 ・「よろず支援拠点」開設（本部・中小企業基盤整備機構） ・金融庁、「金融モニタリング基本方針」公表
2015	27		・内閣府、金融等による「地域企業応援パッケージ」公表
2016	28		・金融庁が金融仲介機能のベンチマークを公表 ・金融庁が「金融レポート」において地域金融機関のハイリスクな有価証券運用、不動産融資（アパート・マンションローンを含む）の拡大を指摘
2017	29		・金融庁が「金融行政方針」において持続可能なビジネスモデルの構築に向けた対応を金融機関に要請 ・金融庁が「金融検査マニュアル」廃止を発表

国内金融情勢一般	国内政治経済社会	海外
・ムーディーズ、日本国債の格付をAa 2→Aa 3に1段階格下げ ・三井住友トラスト・ホールディングス誕生 ・円相場、対ドルで最高値（75円32銭）	・東日本大震災 ・野田内閣誕生 ・安愚楽牧場破綻	・G 7、円高阻止で協調介入 ・EUとIMF、ポルトガルに金融支援
・日銀、事実上のインフレ目標導入 ・三井住友信託銀行発足 ・日本郵政発足	・東京スカイツリー開業 ・第二次安倍内閣誕生 ・エルピーダメモリ破綻	・ギリシャが事実上の債務不履行 ・スペインがEUに支援要請 ・LIBOR不正操作問題
・日銀がインフレ目標導入 ・黒田日銀総裁就任 ・日銀が「量的・質的金融緩和政策」導入	・復興特別所得税導入 ・東京が2020年オリンピック・パラリンピック開催地に決定 ・カブトデコム破綻	・EU、域内銀行監督の一元化で基本合意
・NISA（少額投資非課税制度）スタート ・日銀、追加金融緩和（国債・ETF・J-REITの買入れ増加）実施 ・ムーディーズが日本国債格付をAa 3→A 1に1段階格下げ	・消費税引上げ（5→8％） ・消費税引上げ（8→10％）を1年半延期	・米FRB議長交代（バーナンキ→イエレン） ・ECB（欧州中央銀行）が主要国中央銀行として初めてマイナス金利を導入 ・「イスラム国」樹立
・日本郵政、ゆうちょ銀行、かんぽ生命上場 ・日銀が金融緩和の補完策導入 ・森金融庁長官就任	・東芝不適切会計問題発覚 ・マイナンバーの通知スタート ・第一中央汽船破綻	・上海の株価急落 ・パリ同時多発テロ ・米FRB、9年半ぶり利上げ
・日銀がマイナス金利導入 ・日銀がイールドカーブ・コントロールとオーバーシュート型コミットメント導入 ・商工中金、危機対応融資不正問題発覚	・熊本地震 ・消費税引上げ（8→10％）を再延期	・世界同時株安 ・英が国民投票でEU離脱を決定 ・米大統領選でトランプ氏当選
	・森友学園問題、加計学園問題 ・タカタ破綻 ・東芝が東証二部に降格 ・第三次安倍内閣発足	・NYダウ、史上初の2万ドル突破 ・イスラム国壊滅状態へ

西暦	元号	サービサーの時代区分	不良債権や事業再生に関連する政策等
2018	30		
2019	令和元		

国内金融情勢一般	国内政治経済社会	海外
・スルガ銀行、組織的不正融資問題 ・遠藤金融庁長官就任 ・LINE、金融業に参入 ・地方銀行の過半数の54行で本業利益が赤字（うち52行が2期以上連続赤字）	・仮想通貨流出事件 ・日本海洋掘削破綻 ・日産会長カルロス・ゴーン氏、金融商品取引法違反容疑で逮捕	・世界同時株安 ・初の米朝首脳会談
・みずほ銀行が減損処理で6,800億円の損失を計上 ・かんぽ生命が保険商品の不適切販売	・改元（平成→令和） ・新天皇陛下即位 ・消費税引上げ（8％→10％） ・レオパレス、大和ハウスの賃貸アパート施工不良問題が発覚 ・第四次安倍内閣発足	・英国がEU離脱を延期 ・中国建国70周年 ・米中貿易摩擦

あ と が き

　2019年は、サービサー法が施行されてから20周年に当たる。また、同年に設立された、あおぞら債権回収の創立20周年の年でもある。

　本書の出版は、株式会社きんざい出版局の池田知弘出版部副部長から、この機会に「債権回収の技術」という弊社共著の既刊書籍の改訂版を出してはどうか、とのお誘いを受けたのがきっかけであった。同書籍刊行以降、サービサーの業務は大きく変遷しているため、改訂版の刊行をご辞退申し上げたところ、池田氏から現在のサービサーの姿を20周年の機会に世の中に紹介することは有意義ではないか、とのご意見を頂戴した。そこで、社内で意向集約のうえ不慣れな著作に挑戦をしたのが、2019年の春先であった。

　原稿作成の過程において、社内のみならず、株式会社あおぞら銀行の各役員、関係各部や弊社OBの方々など、あおぞら銀行グループの各方面にも、詳細にわたる指導と意見、そして激励を頂戴した。

　何よりも、出版のお誘いをいただき、かつ刊行に至るまで執筆初心者ばかりの弊社に対し懇切丁寧にご指導をいただいた、株式会社きんざいの池田氏に、この場を借りて厚く御礼申し上げたい。

2019年11月吉日

あおぞら債権回収株式会社

20周年記念出版プロジェクトチーム

市川　朋治　　伊藤　貴史

篠原　謙一　　爪田　篤芳

新里　秀紀　　正木　　順

渡辺　直樹

（氏名は50音順）

［著者紹介］

あおぞら債権回収株式会社（Aozora Loan Services Co., Ltd.）

「債権管理回収業に関する特別措置法」（以下「サービサー法」）施行と同じ1999年に、日本債券信用銀行（現あおぞら銀行）の子会社として設立された。あおぞら銀行のみならず、信金中央金庫および全国信用協同組合連合会の出資を受けている。

1999年9月17日、サービサー法に基づく債権回収業の営業許可取得（法務大臣許可番号第22号）。

2016年2月23日、中小企業経営力強化支援法（2012年8月30日施行）に基づく経営革新等支援機関として、経済産業大臣より認定を受ける。

事業再生の分野や、債務者・譲渡金融機関に配慮した債権管理を強みとし、全国の約8割の地域銀行・信用金庫・信用組合等の地域金融機関と活発な取引を行っている。

代表取締役社長は、齋藤猛雄（前あおぞら銀行取締役副社長、現全国サービサー協会副理事長）。

本社は東京都千代田区、大阪事務所は大阪府大阪市中央区。

サービサーと事業再生
──中小企業を支える黒子の知られざる実像

2019年12月24日　第1刷発行

著　者　あおぞら債権回収株式会社
発行者　加　藤　一　浩

〒160-8520　東京都新宿区南元町19
発　行　所　一般社団法人 金融財政事情研究会
企画・制作・販売　**株式会社きんざい**
出版部　TEL 03(3355)2251　FAX 03(3357)7416
販売受付　TEL 03(3358)2891　FAX 03(3358)0037
URL https://www.kinzai.jp/

校正：株式会社友人社／印刷：三松堂株式会社

ISBN978-4-322-13511-4